C.H.BECK WISSEN

in der Beck'schen Reihe

Der Prophet Mohammed, der im 7. Jahrhundert von Mekka und Medina aus den Islam verkündete, ist eine der wirkungsmächtigsten, aber auch umstrittensten Gestalten der Weltgeschichte. Im Abendland galt er lange Zeit als falscher Prophet und Betrüger. In der arabischen Welt wird er als Verkünder des wahren Monotheismus verehrt; sein Leben gilt als Vorbild für jeden frommen Muslim. Dieses Buch bietet einen Überblick über die sehr unterschiedlichen Auffassungen von dem arabischen Propheten. Nicht zuletzt wird die Frage gestellt, wie zuverlässig die muslimischen Quellentexte zum Leben Mohammeds eigentlich sind.

*Hartmut Bobzin* ist Professor für Islamwissenschaft und semitische Philologie an der Universität Erlangen-Nürnberg. Zu seinen Hauptarbeitsgebieten zählt die Koranforschung und die Rezeptionsgeschichte des Islam in Europa. Er hat zahlreiche Veröffentlichungen vorgelegt, u.a. „Der Koran im Zeitalter der Reformation“ (1995) und „Der Koran. Eine Einführung“ (1999; 5., durchgesehene Auflage 2004; C.H.Beck Wissen); auch hat er den Koran in der Übersetzung von Friedrich Rückert (1995; 4., verbesserte Auflage 2001) herausgegeben. Er ist Mitbegründer und Mitherausgeber der „Zeitschrift für arabische Linguistik“ (seit 1978).

Hartmut Bobzin

# MOHAMMED

Verlag C.H.Beck

Mit einer Karte und einem Stammbaum

1. Auflage. 2000
2., durchgesehene Auflage. 2002

3., durchgesehene Auflage. 2006

Originalausgabe

Gesamtherstellung: Druckerei C. H. Beck, Nördlingen
Umschlagentwurf: Uwe Göbel, München
Printed in Germany
ISBN-10: 3 406 44744 9
ISBN-13: 978 3 406 44744 0

*www.beck.de*

# Inhalt

# Hinweise zur Aussprache arabischer Laute

| | | | |
|---|---|---|---|
| ā | langes a wie in „lahm" | a | kurzes a wie in „Lamm" |
| ī | langes i wie in „schief" | i | kurzes i wie in „Schiff" |
| ū | langes u wie in „Ruhm" | u | kurzes u wie in „Rum" |

| | |
|---|---|
| ʾ | Stimmritzenverschluß („glottal stop") wie in „be'ehren" |
| ʿ | Kehllaut (arab. *kaʿba* „Kaaba") |
| ḏ | stimmhaftes engl. „th", wie in „mother" |
| ḍ | verdumpftes d (arab. *ramaḍān* „Ramadan") |
| ǧ | stimmhaftes „dsch", wie in „Jeans" |
| ġ | Gaumen-r (nicht gerollt!), wie in frz. „merci" |
| h | dt. h, jedoch stets hörbar |
| ḥ | stark behauchtes h (arab. *muḥammad* „Mohammed") |
| ḫ | dt. „ch", wie in „Bach" (nie wie in „ich"!) |
| q | am Zäpfchen gesprochenes k (arab. *qurʾān* „Koran") |
| r | gerolltes r, wie in ital. „pronto" |
| s | stimmloses s, wie in „reißen" |
| ṣ | verdumpftes stimmloses s (arab. *ṣalāt* „Gebet") |
| š | dt. „sch", wie in „Schiff" |
| ṯ | stimmloses engl. „th", wie in „three" |
| ṭ | verdumpftes t (arab. *sulṭān* „Vollmacht") |
| w | engl. w, wie in „we" (nicht wie in dt. „wie"!) |
| y | dt. j, wie in „jagen" |
| z | stimmhaftes s, wie in „reisen" |
| ẓ | verdumpftes stimmhaftes s (arab. *niẓām* „System") |

Bei den arabischen Wörtern ist die betonte Silbe hier und im Register durch Fettdruck des Vokals kenntlich gemacht.

Für einige im Deutschen gebräuchliche bzw. häufig vorkommende Wörter wurde der besseren Lesbarkeit wegen von der Umschrift abgesehen, wie z. B. Mohammed (für: Muḥammad), Chadīdscha (für: Ḫadīǧa), Aischa (für: ʿĀʾiša); Koran (für: *qurʾān*), Ḥadīth (für: *ḥadīṯ*), Yathrib (für: Yaṯrib), usw.

Bei allen *Textzitaten* stehen in *runden Klammern* (...) zum Textverständnis nötige Ergänzungen, die stets mitzulesen sind; in *eckigen Klammern* [...] stehen sonstige Erläuterungen bzw. oft die fremdsprachlichen, *kursiv* gesetzten Fachbegriffe, mit denen (wenn nicht anderes angegeben ist) stets arabische Wörter gemeint sind. Vor dem Todesdatum muslimischer Autoren steht „st." für „starb".

Da aber als in sein Versteck der Hohe,
sofort Erkennbare: der Engel, trat,
aufrecht, der lautere und lichterlohe:
da tat er allen Anspruch ab und bat

bleiben zu dürfen der von seinen Reisen
innen verwirrte Kaufmann, der er war;
er hatte nie gelesen – und nun gar
ein *solches* Wort, zu viel für einen Weisen.

Der Engel aber, herrisch, wies und wies
ihm, was geschrieben stand auf seinem Blatte,
und gab nicht nach und wollte wieder: *Lies.*

Da las er: so, daß sich der Engel bog.
Und war schon einer, der gelesen *hatte*
und konnte und gehorchte und vollzog.

Rainer Maria Rilke
*Mohammeds Berufung*

Im Anfange des siebenten Jahrhunderts erschien dieser Mann, eine sonderbare Mischung alles dessen, was Nation, Stamm, Zeit und Gegend gewähren konnte, Kaufmann, Prophet, Redner, Dichter, Held und Gesetzgeber, alles nach arabischer Weise.

Johann Gottfried Herder
*Ideen zur Philosophie der Geschichte der Menschheit*

# Vorwort

Wäre es nach dem Wunsch des Verlages gegangen, so hätte dieses Buch unter den ersten zwölf Bänden der Reihe „C. H. Beck Wissen“ sein sollen. Daß sich sein Erscheinen so lange hinauszögerte, hat viele Gründe. Der wichtigste liegt in der Weitläufigkeit und Kompliziertheit der islamischen Quellen, welche die Geschichte des Propheten einzig aus der Sicht seiner gläubigen Anhänger wiedergeben. Daher sind immer wieder sehr begründete Zweifel vorgebracht worden, ob man überhaupt jemals eine historisch tragfähige Darstellung seines Lebens schreiben könne.

Das vorliegende Buch enthält ganz bewußt keinen Untertitel, wie etwa: „Eine Biographie". Mein Anliegen war es, dem Leser in knapper Form vor allem solche Informationen zu bieten, die zum besseren Verständnis von Mohammed beitragen und die er sonst nicht so leicht findet, wie beispielsweise Erläuterungen zum abendländischen Mohammedbild (Kap. 1), zur Eigenart der islamischen Prophetenüberlieferung (Kap. 2), zur Charakterisierung der wichtigsten Quellen zum Leben Mohammeds (Kap. 3) oder zu den religionsgeschichtlichen Voraussetzungen für die Verkündigung Mohammeds (Kap. 4). Wer nur die wichtigsten „Fakten" zum Leben Mohammeds erfahren will, der sollte gleich mit Kap. 5 beginnen. Gerade in diesem Kapitel kam es mir darauf an, möglichst häufig die islamischen Quellen selbst sprechen zu lassen, zu denen ein Leser, der kein Arabisch versteht, sonst praktisch keinen Zugang findet. Wer ein Kapitel über die Verehrung des Propheten im Islam vermißt, sei auf das leicht zugängliche Buch *Und Muhammad ist sein Prophet* von Annemarie Schimmel verwiesen.

Zu den wichtigsten Quellen für das Leben Mohammeds gehört der Koran, aus dem ich vieles wörtlich zitiere (übrigens meist in eigener Übersetzung). Einige thematische Überschneidungen mit meinem in der gleichen Reihe erschienenen Buch *Der Koran. Eine Einführung* (1999) ließen sich nicht vermeiden, aber das vorliegende Buch ist so konzipiert, daß es in sich verständlich ist.

Meine Danksagungen gelten Dr. Ernst-Peter Wieckenberg (Sure 12,18: „Doch schön geduldig sein ..."), Prof. Dr. Karl Bertau (Erlangen) für äußerst anregende Diskussionen zum Thema Traditionsbildung und überhaupt für den Anstoß, dieses Büchlein „für Laien" zu schreiben, Frau Dr. Claudia Ott für eine kritische Lektüre des Manuskripts ebenso wie für viele lebhafte Gespräche sowie Dr. Ulrich Nolte vom Verlag C.H. Beck für die Lektorierung. Besonders herzlich aber danke ich meiner Frau dafür, daß sie sich die Zeit nahm, das Buch in allen Phasen seiner Entstehung mit kritischem Blick zu lesen.

*Erlangen, Juni 2000* *HB*

# 1. Vom „Pseudopropheten“ zum „Helden“: Abendländische Mohammedbilder

Es gibt wohl kaum eine Gestalt der Weltgeschichte, die im christlichen Abendland über lange Zeit so negativ dargestellt, dann aber ebenso überschwenglich gelobt worden ist wie Mohammed. In diesem Kapitel möchte ich einige besonders typische und folgenreiche Ansichten über Mohammed in Europa vom 7. Jahrhundert bis zum Beginn der kritischen Forschung im 19. Jahrhundert vorstellen.

## Der „Pseudoprophet“

Einer der ältesten Streiter gegen den Islam war der orthodoxe Theologe Johannes von Damaskus (Johannes Damascenus, geb. nach 650, † um 750). Er entstammte einer christlich-arabischen Familie und war in der Finanzverwaltung am Hof der omayyadischen Kalifen in Damaskus beschäftigt. Die unter der Regierung des Kalifen ʿAbdalmalik (reg. 685–705) zunehmend gegen die Christen gerichtete Politik hat Johannes von Damaskus offenbar bewogen, um 700 sein Amt niederzulegen und sich als Mönch in das bei Jerusalem gelegene Kloster Mar Saba zurückzuziehen. Bekanntgeworden ist Johannes durch sein auch im Westen einflußreiches dogmatisches Werk „Quelle der Erkenntnis“ (griech. *Pege gnoseos*), das unter anderem eine umfangreiche Darstellung der Häresien im Christentum (das sog. „Buch der Häresien“) enthält. Ganz an deren Ende findet sich auch eine kurze Darstellung des Islams; denn Johannes nahm ihn noch nicht als eigenständige Religion wahr, sondern verstand ihn als christliche Irrlehre; für sie verwendet er jedoch nicht die Bezeichnung „Islam“, sondern spricht von

> dem bis jetzt herrschenden Glauben der Ismaeliten, der das Volk in die Irre leitet und als Vorläufer des Antichristen anzusehen ist.

Die hier genannten „Ismaeliten“ haben ihren Namen von Ismael, dem von Hagar geborenen Sohn Abrahams (vgl. 1. Mose

16,1 ff.), der seit dem griechischen Kirchenhistoriker Sozomenos (5. Jahrhundert) allgemein als Stammvater der Araber galt. Im „Buch der Häresien" heißt es von den Ismaeliten weiter:

> Sie waren bis zur Zeit des [byzantinischen Kaisers] Herakleios [reg. 610–641] Götzendiener. Da aber trat unter ihnen ein falscher Prophet auf, „Mamed" genannt, der eine eigene Irrlehre ins Leben rief, nachdem er flüchtig Kenntnis vom Alten und Neuen Testament gewonnen hatte und zugleich offenbar mit einem arianischen Mönch zusammengetroffen war. Später ließ er durch Täuschungen das Volk glauben, er sei ein gottesfürchtiger Mann, und streute Gerüchte aus, daß ihm eine Schrift vom Himmel herabgesandt sei. Nachdem er einige Lehren in diesem seinem Buch aufgestellt hatte, über die man nur lachen kann, lehrte er sie auf diese Weise, Gott zu verehren.

In diesem Abschnitt finden sich bereits einige der christlichen Vorwürfe, die in späterer Zeit von den verschiedensten Autoren immer wieder aufgegriffen wurden. Am wichtigsten und theologisch am folgenreichsten ist jedoch die zunächst relativ harmlos klingende Bezeichnung „falscher Prophet" (griech. *pseudoprophetes*), da sich dahinter mehr verbirgt, als man auf den ersten Blick vermutet.

Das Urchristentum und die Alte Kirche kannten verschiedene Ämter in der Gemeinde. Paulus spricht im 1. Korintherbrief 12,28 neben Aposteln und Lehrern auch von Propheten. Unter letzteren sind Ekstatiker zu verstehen, die sich durch bestimmte charismatische Gaben auszeichnen und in den Gemeinden „Offenbarungen" verkünden. Genaueres über frühchristliche Propheten ist dann aus der Anfang des 2. Jahrhunderts entstandenen „Apostellehre" (griech. *Didache*) zu erfahren.

Das Erlöschen des Prophetenamtes in der Kirche gegen Ende des 3. Jahrhunderts hängt ganz sicher damit zusammen, daß Propheten als Charismatiker nur schwer in die sich bildende hierarchische Ordnung der Kirche einzufügen waren. Des weiteren war es die Erfahrung mit einer neuen prophetischen Bewegung, die in der Mitte des 2. Jahrhunderts in Phrygien (Kleinasien) aufgekommen war. Dort hatte der Prophet Montanus in bewußter Anknüpfung an urchristliche Gedanken das nahe Weltende verkündet und dementsprechend zu einer rigoristischen Ethik (u.a. mit verschärften Fastenvorschriften) aufgerufen. Nur mühsam konnte sich die Großkirche gegen den sich auch nach Europa und Nordafrika ausbreitenden sog. „Montanismus" durchsetzen. Als Ergebnis der Auseinandersetzung mit dieser Bewegung lehnte die Kirche schließlich jede „neue" Prophetie als legitime Form der Verkündigung ab.

Durch Johannes von Damaskus wurde das Prädikat „Pseudoprophet" in unzähligen Werken christlicher Polemik gegen den Islam gleichsam zur Standardbezeichnung Mohammeds.

## Der „Häretiker"

Aus der Klassifizierung des Islams als einer Irrlehre, einer Häresie, ergab sich zwangsläufig, daß ihr Gründer Mohammed als Häretiker galt. Nach der ursprünglichen Bedeutung dieses Begriffes wurde er also als Verfechter einer abweichenden Lehre, d.h. als „Abweichler" oder „Spalter" angesehen. Als solcher erscheint Mohammed tatsächlich in der *Divina Commedia*, der „Göttlichen Komödie" des italienischen Dichters Dante Alighieri (1265–1321), der damit im wesentlichen die beherrschende Vorstellung des Mittelalters über Mohammed wiedergibt. Beim Gang durch die Hölle sieht Dante den Propheten mit aufgeschlitztem Bauch (Inferno, XXVIII, 28–36; Übersetzung von Karl Vossler):

> Indes ich mit den Augen ihn durchbohre,
> blickt er auf mich und öffnet sich die Brust
> mit Händen: „Schau nur!" rufend, „Selbstzerreißung!
> Betrachte den verstümmelten Mohammed!
> Der vor mir geht und jammert, ist Ali,
> das Angesicht vom Kinn zum Schopf zerschlitzt.
> Und Ärgernis und Zwiespalt haben alle,
> die du hier siehst, erregt in ihrem Leben,
> drum sind sie ebenso zerspalten hier."

Die Gründe für die – aus christlicher Sicht – „häretische" Entwicklung Mohammeds sind nach dem oben zitierten Text aus dem „Buch der Häresien" zweifacher Art: Der erste Grund liegt in Mohammeds mangelhafter Kenntnis der Schriften des Alten und Neuen Testaments. Hiermit wird eine mehr oder weniger direkte Abhängigkeit der von Mohammed verkündeten Schrift, also des Korans, von der Bibel behauptet. Später wird Mohammed sogar beschuldigt (so z.B. von Martin Luther), er habe im Koran biblische Stoffe verfälscht, ja geradezu trivialisiert. Der zweite Grund ist Mohammeds Begegnung mit einem ketzerischen Mönch, dem im Laufe der Zeit verschiedene Namen beigelegt werden, am häufigsten Bahira und Sergius. Nach Meinung von Johannes von Damaskus († um 750) ist dieser Mönch ein Anhänger des Arius († 336), nach der Auffassung anderer jedoch des Nestorius († um 451). Die Lehren von Arius und Nestorius wurden in ihrer popularisierten Form in erster Linie als Leugnung der wahren göttlichen Natur von Jesus Christus und damit der Trinität verstanden. Damit wurde Mohammed gleichsam in eine Reihe mit bekannten altkirchlichen Ketzern gestellt. Mit der Behauptung, Mohammed habe bestimmte Gedanken von einem solchen ketzerischen Mönch übernommen, versuchte man sich auf christlicher Seite zu erklären, warum im Koran von Jesus lediglich als Prophet (vgl. Sure 19,30) und Diener Gottes (vgl. Sure 43,59) die Rede ist, und warum seine Gottessohnschaft ganz ausdrücklich bestritten wird (Sure 17, 111; vgl. 19,35):

> Preis sei Gott, der keinen Sohn angenommen
> Und keinen Teilhaber an der Herrschaft hat!

Auch dem „Häretiker“ kann man, wie dem „Pseudopropheten“, durchaus eine positive Seite abgewinnen. So hat z.B. der bedeutende Philosoph und Kardinal Nikolaus von Kues (1401–64) in seiner *Cribratio Alcorani* („Sichtung des Korans“) gerade den „Nestorianismus“ im Koran durchaus als eine Art Verständnisbrücke zum Islam hin aufgefaßt; seiner Meinung nach wurde Mohammed durch die Begegnung mit dem nestorianischen Mönch Sergius selber Nestorianer:

> Es wird deshalb nicht schwer sein, im Alkoran die Wahrheit des Evangeliums zu finden, obwohl Mohammed selbst vom wahren Verständnis des Evangeliums weit entfernt war.

Bei einer solchen Sichtweise gerät freilich die Eigenständigkeit des Islams und vor allem auch „die Originalität des arabischen Propheten" (so der Titel eines bahnbrechenden Aufsatzes von Johann Fück aus dem Jahr 1936) aus dem Blickfeld.

## Der „Betrüger"

Ein weiterer, häufig geäußerter Vorwurf gegen Mohammed besagt, daß seine Frömmigkeit ebenso wie die Offenbarung des Korans Ergebnis absichtlicher Täuschung seien. Das „Buch der Häresien" geht in dieser Hinsicht nicht ins Detail, ganz im Gegensatz zu späteren Verfassern. So heißt es zum Beispiel in der *Legenda aurea* („Goldene Legende") des Jacobus de Voragine († 1298), einem im Mittelalter weitverbreiteten religiösen Volksbuch, daß ein enttäuschter römischer Kleriker zu den Sarazenen (so nannte man die Araber in Europa damals) floh und Mohammed dazu anstiftete, eine Taube zu dressieren, indem er ein paar Körner in dessen Ohren legte. Immer wenn die Taube Mohammed sah,

> flog sie auf seine Schultern und hielt ihren Schnabel an sein Ohr. Danach rief der Kleriker das Volk zusammen und sprach: er wollte den über sie setzen, welchen der Heilige Geist in Taubengestalt ihnen bezeichnete. Also ließ er die Taube heimlich los; die flog auf Mohammeds Schultern, der mitten unter den anderen stand, und legte ihren Schnabel an sein Ohr. Als das Volk das sah, meinten sie, es wäre der Heilige Geist, der auf ihn herabgestiegen sei und ihm Gottes Wort in sein Ohr sagte. Auf diese Weise betrog Mohammed die Sarazenen.

Diese Geschichte, in welcher der Beginn von Mohammeds Prophetentum geschildert wird, existiert in mehreren Varianten; sie ist in ihrem Ursprung älter als die *Legenda aurea*. Des öfteren wurde sie in polemischer Absicht auch bildlich dargestellt.

Im Jahr 1697 veröffentlichte der englische Theologe Humphrey Prideaux (1648–1724) eine Biographie Mohammeds, die sehr einflußreich werden sollte; ihr Titel lautete: „Die wahre Natur der Betrügerei, vollständig demonstriert am Leben Mohammeds, mit einer Abhandlung im Anhang, um die Christenheit gegenüber diesem Vorwurf zu rechtfertigen".

Prideaux' Arbeit verfolgte eine doppelte Absicht. Zum einen war sie gegen den Islam gerichtet, zum anderen aber gegen deistische Tendenzen seiner Zeit, die auf eine Ablehnung der Trinitätslehre hinausliefen. Demgegenüber wollte Prideaux zeigen, daß der Islam als Vorbild „deistischer" Strömungen auf einem bewußten Betrug Mohammeds aufbaue; dabei lehnte Prideaux so plumpe Betrugstheorien wie die oben geschilderte von der dressierten Taube ab:

> Das ganze Ausmaß dieser Betrügerei war von außerordentlicher Kunstfertigkeit, ausgeführt mit aller erdenklichen Geschicklichkeit und Vorsicht.

Deshalb, so Prideaux, verzichte Mohammed auch auf jegliche Art von „Wunder", – was christlicherseits stets als Mangel getadelt worden war, denn zur Beglaubigung eines Propheten gehörten nach allgemeiner Auffassung Wunder unbedingt hinzu.

Mit dem Vorwurf des Betrugs hängt ein weiterer engstens zusammen, daß Mohammed nämlich seine Lehre einzig „mit dem Schwert", also mit Gewalt durchgesetzt und jegliche Glaubensdiskussionen ausdrücklich verboten habe:

> Mohammed vollbrachte keine Wunder, denn er hatte sie nicht nötig, da die Macht des Schwertes, mit dem er gesandt war, allein ausreichend war, ihm seine Mission zu ermöglichen, indem er die Menschen dazu zwang, daran zu glauben.

Häufig wird Mohammeds angeblicher Betrug übrigens auch als Versuch gedeutet, eine Krankheit zu kaschieren, nämlich die Epilepsie.

## Der „Epileptiker"

Eines der ältesten byzantinischen historischen Werke, die über Mohammed berichten, ist die *Chronographia* von Theophanes Confessor († 817), die ihrerseits im Abendland schon sehr bald durch die lateinische Übersetzung des Anastasius Bibliothecarius († um 879) bekannt wurde. Darin heißt es von Mohammed, daß er an der „Fallsucht", also der Epilepsie litt. Epilepsie galt bei den alten Griechen als „heilige Krankheit";

später wurde sie zwar als natürliche Krankheit angesehen, war jedoch gleichwohl mit einem negativen Stigma behaftet. Im europäischen Mittelalter hielt man sie für eine von Dämonen hervorgerufene Krankheit, die aber von Gott zur Prüfung oder Strafe eines Menschen geschickt sein konnte.

Im Zusammenhang mit Mohammed wurde die Epilepsie-Behauptung ganz überwiegend negativ verwendet. So heißt es z.B. in dem Traktat *Contra legem Saracenorum* („Gegen das Gesetz der Sarazenen") des Dominikaners Ricoldo da Montecroce († 1320):

> Aber da er an der „fallenden Krankheit" litt, behauptete er, ein Engel redete mit ihm, – damit niemand glauben solle, daß er an ihr litt, da er häufig fiel. Und danach brachte er Sprüche hervor, die er, wie er sagte, in der Art und Weise gehört habe, wie eine Glocke, die um seine Ohren geklungen habe.

Nun hat das Auftreten von Propheten und die auffällige Art ihres Offenbarungsempfanges durch Auditionen oder Visionen im Zusammenspiel mit besonderen Erregungszuständen immer wieder dazu herausgefordert, medizinische bzw. psychologische Erklärungen dafür zu suchen. Sowohl für alttestamentliche Propheten wie Hosea oder Ezechiel als auch für Mohammed ist aber stark zu bezweifeln, ob das vorhandene Textmaterial dazu ausreicht, ein genaues Psychogramm zu gewinnen. Im übrigen ist zu bedenken, daß damit für die Beantwortung der Frage nach der Wahrheit der eigentlichen Botschaft nicht viel gewonnen wäre.

Es ist interessant, daß bereits im 19. Jahrhundert der Epilepsievorwurf gegen Mohammed auch positiv gewendet wurde. Die russische Mathematikerin Sonja Kowalewsky (1850–91) berichtet in ihren Kindheitserinnerungen von einer Begegnung mit dem Schriftsteller Fjodor Dostojewski (1821–81), in der dieser von seinem ersten epileptischen Anfall erzählt und mit folgenden leidenschaftlichen Worten schließt:

> Ihr seid ja alle gesunde Menschen und habt nicht die geringste Ahnung von dem Glück, das wir Epileptiker kurz vor einem Anfall empfinden! Mohammed versichert in seinem Koran, daß er das Paradies erblickt habe und dort weilen durfte. Alle Neunmalklugen sind der Auffassung,

er sei ein Lügner und Betrüger. Nein, nein, er hat nicht gelogen. Er ist tatsächlich ins Paradies entrückt worden, und zwar während einer seiner epileptischen Anfälle, unter denen er ebenso wie ich litt. Ich vermag nicht zu sagen, ob diese Seligkeit Sekunden, Stunden oder Monate währt, aber, auf mein Wort, ich würde sie nicht für alle irdischen Freuden eintauschen.

## „Gott" neben Göttern

Einen bedeutsamen Kontrast zur eher gelehrten, theologischen Beschäftigung mit Mohammed bildet die epische Literatur des Mittelalters. In den *Chansons de geste* („Heldenlieder") spielen die Kämpfe mit den Sarazenen eine sehr große Rolle. Wohl erst vom Zeitpunkt der arabischen Invasion in Spanien an verbreiteten sich in Europa Nachrichten über die Sarazenen und ihren „Gott Mahomet". Neben ihm werden von den Sarazenen, so wie sie in diesen Epen dargestellt werden, noch andere Götter verehrt, und zwar meist in einer Trias; die Sarazenen gelten jedenfalls als Polytheisten. Die Namen der anderen Götter entstammen teils der antiken Tradition, wie Apollin bzw. Apollo und Jupiter, teils der Bibel, wie Beelzebub (vgl. 2. Könige 1,2 ff.; Matthäus 12,24 ff.).

Mahomet tritt in den Epen nie als Prophet auf, sondern stets als der höchste und mächtigste Gott der Sarazenen, der sogar schon zu Lebzeiten als Gott verehrt wurde. Die Verehrung der Götter ist als Bilderdienst beschrieben; die Mohammedstatuen seien aus reinem Gold, reich mit Edelsteinen besetzt und auch in kostbare Teppiche gehüllt gewesen, und man habe sie bei Kriegszügen auf kostbaren Wagen dem Heere nachgefahren. Im Gottesdienst würden vor den Götzenbildern Kerzen in großen Kandelabern brennen, vor denen sich die Heiden in großer Demut niederwürfen. Die Tempel, in denen die Sarazenen angeblich ihren Götzendienst verrichten, werden in den Epen „Mahomerien", seltener auch „Synagogen" genannt. Interessanterweise fände sich diese „Verehrung" Mohammeds und der übrigen Götter aber nur in Zeiten des Glücks: In Zeiten mangelnden Kriegsglücks würden diese Götter verlassen, verflucht, ja sogar zerstört. So heißt es in einem Abschnitt aus dem ältesten der *Chansons de geste*, dem Rolandslied (zwischen 1098 und 1110 entstanden), das den Feldzug Karls des Großen nach Spanien und seine Niederlage bei Roncevalles (778) besingt, daß die Sarazenen

> Mohammed ... in einen Graben ... stoßen, wo ihn Schweine und Hunde beißen und mit den Füßen treten.

Andere Texte schildern Mohammeds Ende so, als habe er sich dem Trunk ergeben und sei einst in Mekka auf dem Heimweg von einem großen Gelage bewußtlos auf einen Misthaufen niedergesunken; kurz darauf seien Schweine gekommen, die den Schlafenden aufgefressen hätten. Die vielen und in den Einzelheiten äußerst variantenreichen Schilderungen über das schmähliche Ende Mohammeds verdeutlichen in besonderer Weise die von Haß und Verachtung bestimmten Gefühle, die man in Europa während des gesamten Mittelalters dem Propheten des Islams gegenüber empfand.

## Der „Antichrist"

In dem oben S. 9 zitierten Abschnitt aus dem „Buch der Häresien" des Johannes von Damaskus wurde Mohammed als „Vorläufer des Antichrist" bezeichnet. Das ist im Zusammenhang mit dem theologisch begründeten Geschichtsverständnis des byzantinischen Reiches (als unmittelbare Fortsetzung des römischen) zu verstehen. Die Grundlage dieses Geschichtsverständnisses war die Vier-Reiche-Lehre aus dem Buch Daniel (Kap. 2 u. 7). Das dort beschriebene vierte Reich (Daniel 7,23) war das christlich gewordene römisch-byzantinische Reich, dessen Untergang gleichbedeutend mit dem Weltende und Gericht gedacht wurde. Schon die heftigen Kämpfe mit dem neupersischen Reich der Sassaniden seit der Mitte des 6. Jahrhunderts, die erst unter Kaiser Herakleios (reg. 610–41) mit einem Friedensschluß im Jahr 629 ein Ende fanden, hatten eine „endzeitliche" Stimmung begünstigt. Als ab 634 arabische Krieger völlig unerwartet in das byzantinische Gebiet einfielen, wurde das von den dort lebenden Christen verschieden gedeutet. Einige erblickten darin eine Strafe Gottes, die jedoch zeitlich begrenzt sei; andere aber sahen in den Arabern als den Nachkommen Ismaels, des „widerspenstigen, aus der Wüste stammenden Wildesels“ (so wird Ismael von dem im 4. Jahrhundert lebenden syrischen Theologen Ephraem in Anlehnung an 1. Mose 16,12 bei der Auslegung charakterisiert!), die Vorboten der Endzeit und stellten damit das Aufkommen des Islams generell in einen endzeitlichen, eschatologischen Zusammenhang, für den sich verschiedene prophetische und apokalyptische Texte der Bibel als Deutung der Geschehnisse anboten.

Die zunächst kollektiv verstandene Funktion der Araber als Vorboten des Antichrist wurde von Johannes von Damaskus auf Mohammed als den Anführer der Araber eingeengt, – und das sollte weitere Folgen haben. Denn später sah man in Mohammed gelegentlich den Antichrist selbst. Das wurde besonders in der Zeit der Türkenkriege des 16. Jahrhunderts aktuell. So deutete der Reformator Martin Luther (1483–1546) beispielsweise in seiner 1529 erschienenen *Heerpredigt wider den Türken* Einzelheiten von Daniel 7 dahingehend, daß er darin Voraussagen auf Mohammed und die Türken sah. Allerdings muß man beachten, daß „Mohammed“ in antiislamischen Flugblättern und Traktaten der damaligen Zeit vielfach nur als Personifizierung der Religion des Islams bzw. deren Vormacht, der Türken, begriffen wurde. In der Nachfolge Luthers, der vom Papst und „dem Türken“ als den zwei Häuptern des Antichrist gesprochen hatte, konnte im Protestantismus die Theorie von den „zwei Antichristen“, dem im Okzident, dem Papst, und dem im Orient, Mohammed, entstehen.

## Der „Gesetzgeber“

Doch gab es im Abendland keineswegs nur negative Mohammedbilder. Als im Zeitalter der Aufklärung die christliche Weltsicht relativiert wurde, erwies sich der holländische Theologe Adrian Reland (1676–1718) als Vorreiter für ein unvoreingenommeneres Mohammedbild. In einem zunächst lateinisch erschienenen, aber kurz darauf auch ins Deutsche übersetzten Buch über die „mohammedanische Religion“ (1716) übte er scharfe Kritik an der bisherigen Beschäftigung mit dem Islam, da sie nicht auf gründlichem Quellenstudium beruhe. Relands Werk erregte so großes Aufsehen, daß es ihm den Verdacht eintrug, er wolle Propaganda für den Islam machen! Aber Relands Wirkung blieb doch mehr auf gelehrte Zirkel beschränkt; einen viel größeren Leserkreis erreichten die Schriften von Voltaire (1694–1778), der Reland bewunderte, und die des englischen Historikers Edward Gibbon (1737–1794).

In Voltaires berühmt-berüchtigtem Theaterstück *Le fanatisme ou Mahomet le Prophète* („Der Fanatismus oder Mohammed, der Prophet“), das bei seiner Uraufführung 1741 in Lille einen Skandal verursachte und das nach nur drei Vorstellungen in Paris abgesetzt wurde, ist der Islam lediglich Kulisse für seine Kritik am Katholizismus. Goethe hat das Stück, eher widerwillig, 1799 auf Wunsch seines Fürsten Karl August auf die Weimarer Bühne gebracht, wo es aber keineswegs den ungeteilten Beifall des Publikums fand. So schrieb beispielsweise Herders Frau Caroline an Goethes Freund Knebel:

> Eine solche Versündigung gegen die Historie (er machte den Mahomet zum groben platten Betrüger, Mörder und Wollüstling) und gegen die Menschheit habe ich Goethe nicht zugetraut.

Goethe selbst dachte jedoch ganz anders über Mohammed – man denke nur an sein berühmtes Gedicht „Mahomets Gesang“! Aber auch Voltaire war sich bewußt, daß er, wie er in einem Brief bekannte, „Mohammed ein wenig zu schlecht gemacht habe“ und deshalb eine Art „Wiedergutmachung“ notwendig sei. Die leistete er in seinem vielgelesenen, 1753 erstmals erschienenen *Essai sur les mœurs et l'esprit des nations* („Versuch über die Sitten und den Geist der Nationen“). Darin wird Mohammed als „législateur et conquérant“, als Gesetzgeber und Eroberer gezeichnet, wohingegen sein Prophetentum in den Hintergrund rückt. Einen Vorgänger in dieser aufklärerischen Sicht des Islam als rein „vernünftiger“ Religion hatte Voltaire im Grafen Henri de Boulainvilliers (1658–1722), der in einem romanhaften Werk Mohammed zum Begründer einer „vernünftigen Religion" stilisierte. Das richtete sich nicht zuletzt gegen das Christentum, und es ist kein Wunder, daß Voltaire Jesus und Mohammed einander gegenüberstellt:

> Mohammed hat wenigstens geschrieben und gekämpft, Jesus hat weder schreiben können noch sich zu verteidigen gewußt; Mohammed hatte den Mut von Alexander zusammen mit dem Geist von Numa [dem legendären römischen König und Gesetzgeber, H. B.].

Auch wenn Voltaire Mohammed im *Essai* durchaus sympathisch zeichnet, so spürt man doch auch Vorbehalte, die das gleichzeitig noch weitverbreitete Bild vom „Betrüger" nicht völlig vergessen lassen.

Auch Edward Gibbon, der erste Historiker von Rang, der sich eingehender mit Mohammed beschäftigte, sieht den arabischen Propheten, wie Voltaire, als „Gesetzgeber", und wie Voltaire würdigt er seine unbestreitbare historische Leistung als Gründer eines Weltreiches. Gegen unberechtigte Vorwürfe nimmt er ihn in Schutz; für ihn sind Mohammeds epileptische Anfälle nichts als „eine alberne, von den Byzantinern erfundene Verleumdung". Aber Gibbon übte auch Kritik an Mohammed, z. B. daran, daß er „die Rechte eines Propheten mißbrauchte" – vor allem in Ehefragen. Gibbons Beurteilung der historischen Größe Mohammeds ist besonders bemerkenswert angesichts der Kargheit der damals für einen orientalistischen „Laien" (der Gibbon in dieser Hinsicht war) zur Verfügung stehenden Mittel. Gibbons großes Verdienst besteht darin, daß er Mohammed erstmals in einen methodisch fundierten welthistorischen Rahmen einfügte. Ebenso wie Voltaire leistete Gibbon also ein gutes Stück „Entdämonisierung" Mohammeds.

## Der „Held"

Schon in Voltaires zwar sympathischer, aber gleichwohl zwiespältiger Zeichnung Mohammeds im *Essai* kann man einen Satz finden, der nicht anders denn als überschwengliches Lob aufgefaßt werden kann:

> Er war zweifellos ein ganz großer Mensch, der auch große Menschen formte. Er hätte Märtyrer oder Eroberer werden müssen: ein Mittleres gab es nicht. Er siegte stets, und alle seine Siege waren solche der kleinen Zahl über eine große. Eroberer, Gesetzgeber, Monarch und Priester: er spielte die größte Rolle, die man auf der Erde nur spielen kann unter den Augen der menschlichen Allgemeinheit.

Knapp einhundert Jahre später schreibt der schottische Literat Thomas Carlyle (1795–1881) in seinem Buch über „Helden, Heldenverehrung und Heldentum in der Geschichte", in dem er die Geschichte als Leistung großer Einzelpersonen darstellt, auch ein Kapitel über Mohammed. In ihm weist er ganz entschieden die Ansicht zurück, daß Mohammed ein Betrüger oder „verschlagener Intrigant" gewesen sei:

> Das lasse ich nicht gelten. Seine Botschaft trug die Wahrheit in sich; seine Stimme, die sich mühsam aus der Brust rang, das kund zu tun, was er als wahr eingesehen hatte, kam aus unbekannten Tiefen. Seine Worte waren nicht falsch; noch waren es seine Werke. Leben waren sie; glühendes Leben, das aus dem Busen der Natur quoll ...

Mit dem Wort „Natur" ist dabei ein Stichwort vorgegeben, mit dem Carlyle gerne operiert: Mohammed ist für ihn so etwas wie ein naturwüchsiges Genie:

> Der Sohn der Wildnis mit dem tiefen Herzen, den leuchtenden Augen, der offenen Seele dachte an anderes als an bloßen Ehrgeiz. In seiner Brust lebte eine stille Größe. Er war einer von den Menschen, die wahrhaftig sein müssen, die gar nicht anders können, die die Natur selbst dazu bestimmt hat ... Nichts konnte ihm die unaussprechliche Tatsache verbergen: Der Herr, dein Gott, lebt! Wer diese Wahrhaftigkeit besitzt, des Wort ist Gottes Stimme. Deshalb hören die Menschen auf ihn. Deshalb müssen sie auf ihn hören. Alles andere ist eitel Schall und Rauch.

Carlyles Verdienst besteht darin, als einer der ersten versucht zu haben, Mohammed aus seinem inneren Erleben heraus zu verstehen, und nicht den geringsten Zweifel an seiner Wahrhaftigkeit aufkommen zu lassen. Insofern ist er dem Geheimnis der Persönlichkeit des religiösen Menschen Mohammed sehr nahe gekommen und darin der Vordenker für neue Ansätze im Verständnis des arabischen Propheten geworden.

## 2. Die Prophetenüberlieferung im Islam: Sunna und Ḥadīth

Daß Mohammed im Islam eine bedeutende Rolle spielt, ist offenkundig und zeigt sich auch an den früher bei uns und in ganz Europa üblichen Bezeichnungen „Mohammedanismus" und „Mohammedaner" (statt „Islam" und „Muslim"). Diese auf Mohammed als „Religionsgründer" bezogene Terminologie, die von den Muslimen übrigens meist abgelehnt wurde, spiegelt natürlich auch die Analogie zum Christentum wieder, in dem ja Jesus Christus von zentraler Bedeutung ist. Im Islam jedoch wird in ganz besonderer Weise das Menschentum Mohammeds betont. Gott läßt Mohammed im Koran (Sure 41,6) sagen:

> Sprich: Ich bin ein Mensch wie ihr, dem eingegeben wird:
> Daß Euer Gott ein einziger ist.

Es wird ganz ausdrücklich abgelehnt, daß er ein Engel (*malak*) sei (Sure 6,50):

> Und nicht sag' ich euch, daß ich ein Engel bin,
> Ich folge nur dem, was mir eingegeben ist.

An einer der vier Stellen, an denen Mohammed namentlich genannt wird (Sure 3,144), heißt es, daß er nichts anderes ist als

> ein Gesandter, vor dem schon andere Gesandte dahingegangen.

„Gesandter" (*rasūl*) bzw. „Gesandter Gottes" ist der Titel, der im Koran im Zusammenhang mit Mohammed – neben der Bezeichnung „Prophet" (*nabīy*) – am häufigsten vorkommt: Dieser Titel steht auch im zweiten Teil des islamischen Glaubensbekenntnisses (*šahāda*):

> Es gibt keine Gottheit [*'ilāh*] außer Gott [*Allāh*],
> und Mohammed ist der Gesandte Gottes [*rasūl Allāh*].

Zum Wesen eines Gesandten gehört die Übermittlung der Botschaft eines Auftraggebers an einen Empfänger. Die Botschaft, die Mohammed zu überbringen hat, ist Gottes Wort, d.h. der Koran, und die Empfänger dieser Botschaft sind Mohammeds Zeitgenossen, die Araber. Nun ist unter „Koran“ nicht von Anfang an das gesamte Buch in seiner jetzigen Form zu verstehen, sondern zunächst der „Vortrag“ (*qur'ān*) einzelner Offenbarungen, die Mohammed von Gott empfangen hat; ihr wesentlicher Inhalt ist, eng verknüpft mit dem Aufruf zur Buße, die Warnung vor einem drohenden Gericht, an dem der Eine Gott die Menschen lediglich nach ihren Taten, ohne Berücksichtigung irgendeiner Fürsprache (*šafā'a*), richtet und zum Aufenthalt entweder im Paradies oder der Hölle verurteilt.

Betrachtet man den Koran in seiner heutigen Form, so zeigt sich, daß die in ihm enthaltene Botschaft von weit größerer thematischer Vielfalt ist, als es hier für die mekkanische Frühzeit der Verkündigung angedeutet wurde. Die koranischen Verkündigungen beziehen sich keineswegs nur auf Dinge des zukünftigen Lebens, sondern betreffen auch den Alltag und dessen Gesetze, vor allem aber auch Aufbau und Organisation der Gemeinde (*umma*) durch Mohammed. Als Beispiel dafür, welch bedeutende Rolle Mohammed dabei zukommt, seien drei Koranstellen zitiert (Suren 8,1; 4,80 und 24,56):

> Glaubt an Gott und gehorcht seinem Gesandten!
> Wer dem Gesandten gehorcht, der gehorcht auch Gott.
> Gehorcht dem Gesandten; vielleicht findet ihr dann Erbarmen!

Für diesen Gehorsam, der dem Gesandten zu schulden ist, lassen sich noch eine Reihe weiterer Stellen anführen (vgl. z.B. Suren 3,32.132; 4,59; 5,92; 8,20.46; 24,54 usw.). Andere Belege zeigen, daß man von Mohammed auch bestimmte Auskünfte über Rechts- und Glaubensfragen erwartete, z.B. Sure 2,217:

> Man fragt dich nach dem heiligen Monat, [ob es erlaubt ist,] in ihm zu kämpfen. Sprich: In ihm zu kämpfen ist [eine] schwer[e Verfehlung].

Eine andere Anfrage bezieht sich auf die Menstruation (Sure 2,222):

> Man fragt dich nach der Menstruation. Sprich: Sie ist ein Makel [*'aḏā*]. Meidet die Frauen während der Menstruation, und nähert euch ihnen nicht, bis sie [wieder] rein sind. Und wenn sie sich gereinigt haben, dann geht zu ihnen ein, wie es euch Gott befohlen hat.

Als weiteres Beispiel sei die Frage nach dem Zeitpunkt des Jüngsten Gerichts angeführt (Sure 33,63):

> Die Leute fragen dich nach der Stunde [des Jüngsten Gerichts]. Sprich: Das Wissen um sie liegt bei Gott.

Aber Mohammeds Rolle beschränkte sich keineswegs nur auf das religiös-rituelle Leben: Sure 33,21 läßt erkennen, daß auch die persönliche Lebensführung von Mohammed ganz allgemein als vorbildlich und nachahmenswert angesehen wird:

> Im Gesandten Gottes habt ihr ein schönes Vorbild [*ʾuswa ḥasana*], – diejenigen [von euch], die auf Gott und den Jüngsten Tag hoffen und die Gottes unablässig gedenken.

Der Koran zeigt also an zahlreichen Stellen, welche Bedeutung die Person Mohammeds für die junge islamische Gemeinde von Medina hatte. Als Mohammed gestorben war und die Gemeinde unversehens ohne Führer dastand, war das überhaupt „das größte Unglück" (*ʾaʿẓam al-maṣāʾib*), das auch in späterer Zeit immer wieder beklagt wurde. Wer sollte nun die Gemeinde leiten? Die Frage der legitimen Nachfolge Mohammeds hat die Muslime von Anfang an beschäftigt und im Grunde niemals losgelassen.

Eines ist jedenfalls klar und war für alle Muslime im Prinzip auch niemals umstritten: Das Beispiel des Propheten, seine Lebensgewohnheiten, seine Worte sowie sein gesamtes Tun und Lassen, wurde neben dem Koran als dem unveränderlichen Gotteswort zur Richtschnur aller Muslime, der Herrscher ebenso wie der Untertanen. Diese Lebenspraxis Mohammeds bezeichnet man mit dem arabischen Wort *sunna* („Gewohnheit, Brauch"), das im folgenden der Einfachheit halber als Fachwort benutzt wird. Wie wichtig die Sunna für den Islam wurde, ist unter anderem daraus ersichtlich, daß der bedeutende Rechtsgelehrte aš-Šāfiʿī (st. 820), der erstmals die theoretischen Grundlagen (pl. *ʾuṣūl*) des islamischen Rechts beschrieb, die Sunna dem Koran als zweite Rechtsquelle an die Seite stellte; dies ist bis heute die im Islam allgemein akzeptierte Auffassung.

Aber wie erfuhr man nun von der „Gewohnheit" des Propheten, der Sunna? Sie ist gleichsam Text geworden in tausenden von zunächst mündlich weitergegebenen Geschichten, die später auch schriftlich fixiert und schließlich in großen Sammlungen zusammengefaßt wurden. Eine einzelne solche aus dem Leben des Propheten überlieferte Geschichte nennt man einen Ḥadīth (*ḥadīṯ*; türk. Aussprache: *hadîs*). Mit diesem Wort bezeichnete man zunächst ganz allgemein eine Mitteilung oder eine Erzählung. So ist z. B. im Koran in Sure 20,9 vom *ḥadīṯ Mūsā* die Rede, und damit ist die „Erzählung von Mose" gemeint. In der Folgezeit hat das Wort Ḥadīth die spezielle Bedeutung „Erzählung von einem Ereignis im Leben Mohammeds" bzw. „Bericht über einen Ausspruch Mohammeds" gewonnen. In einem weiteren Sinne wird das Wort Ḥadīth auch für die Gesamtheit aller einzelnen Ḥadīthe verwendet.

Rein äußerlich können Ḥadīthe von ganz unterschiedlicher Länge sein, also z. B. aus einem ganz kurzen Ausspruch bestehen oder aber auch eine längere Geschichte zum Inhalt haben. Von großer Wichtigkeit ist jedoch auch die formale Eigenheit der Ḥadīthe, die immer zwei Teile enthalten: zum einen den eigentlichen Text (*matn*), zum anderen die diesem Text vorangestellte Überliefererkette (*'isnād* oder *sanad*). Ein typischer Ḥadīth, den ich hier aus der großen Ḥadīth-Sammlung von al-Buḫārī (s. u. S. 29) aus dem Kapitel über die hervorragenden Eigenschaften (*manāqib*) des Propheten entnehme, hat also folgendes Aussehen:

| | |
|---|---|
| I. *'isnād* *(Überliefererkette)* | Es überlieferte uns ʿAbdallāh Ibn Yūsuf, daß uns al-Laiṯ von ʿUqail von Ibn Šihāb von ʿUrwa Ibn az-Zubair von Aischa (Gott habe Wohlgefallen an ihr!) überlieferte: |
| II. *matn* *(Inhalt)* | Daß der Prophet (Gott segne ihn und spende ihm Heil!) im Alter von dreiundsechzig Jahren gestorben ist. |

Der Lesbarkeit halber werde ich im folgenden bei der Zitierung von Ḥadīthen den *'Isnād* entweder ganz weglassen oder aber im *'Isnād* nur die Namen der Überlieferer nennen, wie es aus dem nächsten, nun etwas längeren Ḥadīth aus der Sammlung von al-Buḫārī, „Buch über den Beginn der Offenbarung (*bad' al-waḥy*)", zu ersehen ist:

| | |
|---|---|
| I. *'isnād* *(Überliefererkette)* | ʿAbdallāh Ibn Yūsuf – Mālik – Hišām Ibn ʿUrwa – sein Vater [= ʿUrwa] – Aischa, die „Mutter der Gläubigen" |
| II. *matn* *(Inhalt)* | Al-Ḥāriṯ Ibn Hišām (Gott habe Wohlgefallen an ihm!) fragte den Propheten: Gesandter Gottes! Wie kommt die Offenbarung zu dir? Der Gesandte Gottes entgegnete: Manchmal kommt sie zu mir wie das Geläute von Glocken, und das ist für mich am stärksten; sie läßt von mir ab, wenn ich aufgenommen habe, was sie besagt; und manchmal steht der Engel als Mann vor mir, spricht mich an, und ich nehme auf, was er sagt. Aischa sagte: Ich sah ihn, wie an einem sehr kalten Tag die Offenbarung auf ihn herabkam und dann von ihm abließ: Da war seine Stirn schweißüberströmt. |

Beiden Ḥadīthen ist gemeinsam, daß ihr „letztes Glied" in der Kette der Überlieferer Aischa (ʿĀ'iša) ist, nach allgemeiner Auffassung die Lieblingsfrau Mohammeds, die den Ehrennamen „Mutter der Gläubigen" (*'umm al-mu'minīn*) trägt, und für die stets die feststehende Segensformel „Gott habe Wohlgefallen an ihr!" gebraucht wird. Im allgemeinen endet der Überlieferungsweg eines Ḥadīth in der größtmöglichen Nähe zum Propheten, wie hier bei einer der Frauen Mohammeds oder bei einem der Prophetengefährten (pl. *ṣaḥāba*, sg. *ṣaḥābī*; vgl. S. 29).

Zwei Fragen drängen sich an dieser Stelle auf. Wie ist es überhaupt zu einer so großen Fülle von Ḥadīthen gekommen? Und wie ist die für uns so ungewohnte Form der Ḥadīthe aus eigentlichem Text (*matn*) und Angabe des Überlieferungsweges (*'isnād*) entstanden?

Die Antwort auf die zweite Frage erscheint zunächst leichter. Versieht man eine Nachricht mit der Angabe ihrer Quelle, so ist das eine Art der Beglaubigung, und genau das ist nun wohl bei den Prophetenüberlieferungen intendiert. Wenn man nämlich alle überhaupt überlieferten Ḥadīthe – ihre Gesamtzahl beträgt mehrere hunderttausend – zu einem biographischen Gesamtbild Mohammeds zusammenfügen würde, so träten einerseits zahlreiche Widersprüche und auch Anachronismen zutage, andererseits aber wäre die Beantwortung der Frage unabweisbar, ob Mohammeds Lebenszeit überhaupt ausreichend war, all das zu tun und zu sagen, was ihm zugeschrieben wird. Schon den ersten muslimischen Ḥadīth-Gelehrten war klar, daß viele Ḥadīthe erfunden waren, ja daß man solche auch weiterhin erfand und erfinden würde. Daher entwickelten sie ein System der *ʾIsnād*-Kritik, mit dem sie die Zuverlässigkeit des Überlieferungsweges und der Überlieferer überprüfen konnten.

Das führt uns zur ersten Frage zurück, nämlich wie die Ḥadīthe überhaupt entstanden sind. Als Mohammed starb, existierte der Koran in seiner heutigen Form noch nicht; erst unter dem dritten Kalifen ʿUṯmān (reg. 644–656) wurde er zusammengestellt. Dabei wurde deutlich, daß der Koran als Buch der „Rechtleitung für die Menschen" (Sure 2,185) nicht auf alle für die junge muslimische Gemeinde relevanten Fragen eine Antwort zu geben vermochte: Er war und ist kein komplettes, in sich geschlossenes Gesetzeswerk. Als aš-Šāfiʿī gut 200 Jahre nach dem Tod Mohammeds die Bedeutung der Sunna, der Prophetentradition, als zweite Säule des islamischen Rechts zu begründen suchte (s. o. S. 24), stützte er sich u.a. auf folgenden Koranvers (Sure 4,113; vgl. auch 2,151; 3,164; 62,2), in dem Mohammed angeredet wird:

> Gott hat auf dich das Buch und die Weisheit herabgesandt und dich gelehrt, was du nicht wußtest; Gottes Gnade an dir ist groß!

Unter dem „Buch" (*kitāb*) ist der Koran zu verstehen, und die „Weisheit" (*ḥikma*) kann man hier, wie es aš-Šāfiʿī tut, als die charismatische Autorität Mohammeds auffassen, die sich dem Gedächtnis von dessen Zeitgenossen tief eingegraben haben muß. Dieses „Charisma" wird ganz deutlich, wenn man eine der ältesten Beschreibungen Mohammeds, deren *ʾIsnād* bei seinem Vetter und Schwiegersohn ʿAlī endet, liest:

> Jeder, der ihn unversehens sah, empfand ehrfürchtige Scheu vor ihm, wer näheren Umgang mit ihm hatte, gewann ihn lieb; niemals vorher und niemals nachher habe ich jemanden gesehen, der ihm glich.

Jedenfalls waren die Gelehrten allgemein der Auffassung, daß mit dem Wortpaar „Buch und Weisheit“ an den genannten Koranstellen „Koran und Sunna“ gemeint waren. Ja, es gab noch einen weiteren wichtigen Koranbeleg, der dem Gesandten Gottes und „denen, die zuständig sind“, d.h. den Herrschern, besondere Entscheidungsgewalt zuerkannte (Sure 4,59):

> Ihr, die ihr glaubt! Seid Gott gehorsam und gehorsam dem Gesandten, und denen, die zuständig sind [d.h.: zu befehlen haben] unter euch. Und wenn ihr streitet über eine Sache, so bringet sie vor Gott und den Gesandten, wenn ihr an Gott glaubt und an den Jüngsten Tag!

Selbst wenn die Entstehung des Ḥadīth (und damit ist hier die Gesamtheit aller einzelnen Ḥadīthe, d.h. die Literatur*gattung* Ḥadīth gemeint) in der Frühzeit des Islams nicht in allen Einzelheiten rekonstruierbar ist, erscheint es dennoch wahrscheinlich, daß für eine Vielzahl von Entscheidungen und zur Untermauerung bestimmter Ansichten und Ansprüche immer wieder die Autorität des Propheten bemüht wurde, so daß ein gewaltiger Ansporn entstand, alle Erinnerungen an ihn zu sammeln.

Ob das zunächst nur mündlich oder schon schriftlich geschah, ob schon zu Lebzeiten des Propheten oder erst später, ist nicht eindeutig zu beantworten. Die Frage der ursprünglichen Mündlichkeit bzw. Schriftlichkeit religiöser Überlieferungen ist in der letzten Zeit viel diskutiert worden. Für die islamische Traditionsliteratur, deren Kern – neben dem Koran – der Ḥadīth ist, steht jedenfalls fest, daß der mündlichen Überlieferung im Lehrbetrieb eine hohe Bedeutung zukam. Das bedeutet aber nicht, daß es keine schriftlichen Aufzeichnungen gab. Viel Verwirrung ist dadurch gestiftet worden, daß man das arabische Wort *kitāb* häufig unhinterfragt einfach mit „Buch“ übersetzt hat; aber *kitāb* heißt auch „Schrift“ bzw. „schriftliche Aufzeichnung“, so daß z.B. auch ein schriftliches Konzept, eine Art Kladde oder Vorlesungskonzept, gemeint sein kann, welches dann als Grundlage für die Lehre bzw. Weitergabe des Wissensstoffes im Lehrbetrieb diente. Die im *ʾIsnād* gebrauchte Terminologie – „er überlieferte mir/uns", „er berichtete mir/uns", „ich hörte von", „mir wurde überliefert", usw. – weist auf verschiedene Arten mündlicher Tradierung hin, auf die hier im einzelnen nicht eingegangen werden kann. Fest steht nur, daß man im Islam jahrhundertelang Wissen vorwiegend mündlich weitergab – allerdings in engem Zusammenhang mit schriftlichen Aufzeichnungen bzw. Büchern.

Ob man nun schon zu Lebzeiten des Propheten Aussprüche von ihm und Berichte über seine Taten sammelte, wird von muslimischen und westlichen Wissenschaftlern sehr unterschiedlich beurteilt. Die muslimischen Ḥadīth-Gelehrten sind im Prinzip der Meinung, daß Ḥadīthe schon zu Lebzeiten Mohammeds gesammelt wurden, sie waren sich jedoch schon sehr früh auch der Tatsache bewußt, daß eine nicht geringe Anzahl von Ḥadīthen gefälscht war. Die islamische Ḥadīth-Kritik geht aber generell zunächst von der Echtheit eines Ḥadīthes aus, jedenfalls solange, wie das Gegenteil nicht bewiesen ist. Dabei ist der Prüfstein für die Echtheit die kritische Befragung des *ʾIsnād*: Wann und wo lebten die Überlieferer? Ist die Weitergabe einer Nachricht chronologisch möglich? Ein Nebeneffekt dieser Sichtungsarbeit war die Sammlung von Nachrichten über die Überlieferer, die „Wissenschaft von den Überlieferern" (*ʿilm ar-riǧāl*, wörtl.: „das Wissen über die Männer", obwohl es auch Frauen als Überlieferer gab!), aus denen später umfangreiche und bis heute wertvolle biographische Lexika hervorgingen. Bedeutendstes Ergebnis der frühen islamischen Ḥadīthwissenschaft sind die großen Ḥadīthsammlungen, die im Laufe des 9. und frühen 10. Jahrhunderts entstanden. Das größte Ansehen errangen dabei die beiden Werke der aus Mittelasien stammenden Gelehrten al-Buḫārī (810–870) und Muslim (817–875). Da diese beiden Sammlungen nach Ansicht ihrer Herausgeber nur sicher verbürgte, d.h. nach der entsprechenden Terminologie „echte" (*ṣaḥīḥ*) Ḥadīthe enthielten, sind sie unter dem Namen *Ṣaḥīḥ* bekanntgeworden; man spricht also vom *Ṣaḥīḥ* des Buḫārī (*Ṣaḥīḥ al-Buḫārī*) und vom *Ṣaḥīḥ* des Muslim (*Ṣaḥīḥ Muslim*).

Die westliche Islamwissenschaft ist freilich im allgemeinen

nicht der Meinung, daß alle von al-Buḫārī und Muslim aufgenommenen Ḥadīthe „echt" sind, d.h. wirklich auf Mohammed zurückgeführt werden können. Denn seit den Forschungen des ungarischen Islamwissenschaftlers Ignaz Goldziher (1850–1921) gilt es als ausgemacht, daß der größte Teil der Ḥadīthe nicht wirklich auf Mohammed zurückgeht, sondern vielmehr die rechtlichen und theologischen Diskussionen der frühen Gemeinde nach Mohammed widerspiegelt. Zu diesem Ergebnis kam Goldziher durch eine ausführliche inhaltliche Analyse des *Matn*, also der eigentlichen Botschaft eines jeden Ḥadīth. Gleichzeitig drehte er die Beweislast um, d.h. die Echtheit eines Ḥadīth sei zu beweisen, nicht umgekehrt. Inzwischen wird in der jüngeren westlichen Islamwissenschaft auch der Analyse des *'Isnād* wieder mehr Aufmerksamkeit gewidmet, und es wird durchaus für möglich gehalten, mit größerer Sicherheit als bisher die Frage der Echtheit von Ḥadīthen beantworten zu können, wenn man die Analyse des *'Isnād* mit der des *Matn* kombiniert. Dadurch könnte man gerade die Frühzeit des Islam genauer als bisher aufhellen.

Doch kehren wir noch einmal zu den beiden Sammlungen von al-Buḫārī und Muslim zurück. Aus der Art und Weise, wie die Ḥadīthe in ihnen klassifiziert und angeordnet sind, lassen sich einige Rückschlüsse darauf ziehen, worauf die Sammeltätigkeit eigentlich abzielte und weshalb man sich überhaupt auf die Prophetentradition berief. Beide Sammlungen sind thematisch geordnet, und die Überschriften verweisen zum größten Teil auf den rechtlichen Bereich, zu dem übrigens auch alle mit den obligatorischen rituellen Pflichten zusammenhängenden Fragen gehören. Man findet also Kapitel über das rituelle Gebet (*ṣalāt*) und die dafür notwendigen Voraussetzungen wie die Reinigung (*wuḍū'*) bzw. Waschung (*ġusl*), den Gebetsruf (*'aḏān*) und die Gebetszeiten; über das Freitagsgebet (*ṣalāt al-ǧum'a*) und Gebete zu besonderen Anlässen; über das Fasten (*ṣaum* oder *ṣiyām*) im Ramadan, die Almosensteuer (*zakāt*) und die Wallfahrt (*ḥaǧǧ*) nach Mekka, um hier nur die wichtigsten Themen herauszugreifen. Aber auch für die einzelnen Gebiete des Personenstandsrechtes wie

Heirat (*nikāḥ*) oder Scheidung (*ṭalāq*), des Strafrechts sowie des Erbrechtes und weiterer Rechtsthemen sind jeweils die einschlägigen Ḥadīthe zusammengestellt. Oft steht übrigens derselbe Ḥadīth in mehreren Kapiteln. Andere Kapitel hingegen betreffen den Bereich der Theologie, wie z.B. „Glauben" (*'īmān*) oder „Einheit Gottes" (*tauḥīd*), oder es geht um den Koran, wie z.B. „Erklärung des Korans" (*tafsīr al-qur'ān*) oder „Vorzüge des Korans" (*faḍā'il al-qur'ān*). Schließlich gibt es eine Reihe von Kapiteln, die weniger einen rechtlich-theologischen, sondern eher einen historischen oder biographischen Bezug haben, wie z.B. „Der Beginn der Offenbarung" (*bad' al-waḥy*), „Die Feldzüge des Propheten" (*al-maġāzī*) oder „Hervorragende Eigenschaften des Propheten" (*manāqib*) bzw. „Vorzüge der Prophetengenossen" (*faḍā'il 'aṣḥāb an-nabīy*).

Aus der angedeuteten Vielfalt der Themen kann man ersehen, welchen Zwecken das Sammeln von Ḥadīthen diente oder jedenfalls dienen konnte. Die Ḥadīthe waren, wenn man es zusammenfassend einmal so formulieren darf, ein gewaltiges Reservoir an Texten, die in sehr unterschiedlicher Weise als Bausteine für die verschiedenen Bereiche der Wissenschaften im Islam dienten: für das Recht, für die Koranauslegung und schließlich auch für die Geschichte, einschließlich der Lebensgeschichte des Propheten. An der Sammlung der Ḥadīthe beteiligten sich folglich auch die Spezialisten der verschiedenen angedeuteten Zweige des langsam entstehenden Wissenschaftsbetriebs: Rechtsgelehrte (*fuqahā'*, sg. *faqīh*), Korangelehrte (*'ahl at-tafsīr*), Traditionsgelehrte (*'ahl al-ḥadīṯ*), usw.

Es wäre allerdings eine unzulässige Verengung des Gesichtskreises, wenn man neben den eben genannten Personen nicht noch eine weitere Gruppe ins Auge faßt, die an der Verbreitung von „Nachrichten" aus dem Leben des Propheten beteiligt war. Gemeint sind die Geschichtenerzähler (pl. *quṣṣāṣ*, sg. *qāṣṣ*) und Prediger (pl. *wu''āẓ*, sg. *wā'iẓ*), deren Absicht die Unterhaltung und Erbauung des Publikums war. Ihnen war vor allem an Geschichten und weniger an Geschichte gelegen.

## 3. Die Quellen für die Kenntnis vom Leben Mohammeds

Im Zeitalter der Aufklärung befreite man sich im Abendland von vielen theologischen Vorurteilen gegenüber dem Islam. Aufgrund der islamischen Quellen, die man zur damaligen Zeit kannte, entstand nunmehr der Eindruck, man wisse über die Entstehung kaum einer anderen Religion so gut Bescheid wie über die des Islams.

Die diesem Urteil zugrundeliegende Auffassung vom Reichtum und unbezweifelbaren historischen Wert der orientalischen Quellen zum Leben Mohammeds bestand in der westlichen Welt, wie wir gesehen haben, keineswegs von Anfang an, sondern entwickelte sich erst allmählich, bis sie im 19. Jahrhundert ihren Höhepunkt erreichte. Unter einigen westlichen Forschern hielt sie sich bis weit in die zweite Hälfte des 20. Jahrhunderts, so daß man bisweilen sogar meinte, auch solche Einzelheiten wie das berühmte Lächeln des Propheten genau beschreiben zu können. Im folgenden soll nachgezeichnet werden, wie sich einerseits die Kenntnis, andererseits aber auch die Bewertung der Quellen zum Leben Mohammeds vom 17. Jahrhundert bis heute entwickelt hat.

### Die ältere Forschung (17. bis frühes 19. Jahrhundert)

Als man im 17. Jahrhundert in Holland und England begann, das Arabische an den Universitäten zu lehren, hatten die damals führenden Orientalisten wie Thomas Erpenius (1584–1624) in Leiden oder Edward Pocock (1604–91) in Oxford nur zu einer recht begrenzten Zahl arabischer Texte Zugang, zu solchen Handschriften nämlich, die zu jener Zeit im Orient leicht erhältlich waren und die durch Reisende ihren Weg nach Europa gefunden hatten. Sowohl Erpenius als auch Pocock gaben historische Texte heraus, die auch die Lebensgeschichte Mohammeds enthielten, und übersetzten sie ins Lateinische, um sie der gelehrten Welt bekannt zu machen.

Eine besondere Wirkungsgeschichte hatte dabei Pococks 1650 in Oxford erschienenes Buch *Specimen historiae Arabum* („Probestück einer Geschichte der Araber"), ein Auszug aus der „Kurzgefaßten Geschichte der Dynastien" (*Tārīḫ muḫtaṣar ad-duwal*) des syrischen Bischofs Gregorius Abū l-Farağ, der in Europa hauptsächlich unter dem Namen Barhebräus († 1286) bekannt ist. Die Darstellung von Mohammeds Leben nimmt darin zwar nur einen vergleichsweise geringen Raum ein, entspricht dafür aber weitgehend der zu Barhebräus' Zeit in ihren Grundzügen festliegenden muslimischen Auffassung.

Was sagt der knappe Text des Barhebräus über Mohammed? Er beginnt mit dessen Abstammung und Kindheit sowie der Voraussage des Mönches Baḥīrā über die zukünftige Bedeutung des Knaben. Um einen Eindruck vom Charakter des Textes zu geben, soll hier Barhebräus selber zu Wort kommen:

> Die Genealogen sagen, daß Mohammeds Abstammung hinaufreicht bis zu Ismāʿīl, dem Sohne des Gottesfreundes Ibrāhīm, den Hagar, die Magd seiner Frau Sara, ihm gebar. Mohammeds Geburt geschah zu Mekka im Jahr 882 der Alexanderära [d.h. 570 n. Chr.]. Als er ungefähr zwei Jahre alt war, starb sein Vater ʿAbdallāh und er blieb für sechs Jahre bei seiner Mutter Āmina, der Tochter des Wahb. Als sie starb, nahm ihn sein Großvater ʿAbd al-Muṭṭalib zu sich und nahm sich seiner fürsorglich an. Als ihm der Tod nahte, trug er seinem Sohn Abū Ṭālib auf, Mohammed in seine Obhut zu nehmen; der nahm ihn zu sich und sorgte für ihn. Als Mohammed neun Jahre alt war, zog Abū Ṭālib mit ihm nach Syrien. Als sie nach Bosra kamen, kam ein wahrsagekundiger Einsiedler namens Baḥīrā aus seiner Klause heraus, mischte sich unter die Leute [der Karawane] und kam schließlich zu Mohammed. Er nahm ihn bei der Hand und sprach: „Von diesem Jungen wird Großes ausgehen und sein Name wird sich in Ost und West ausbreiten; denn als er sich nahte, war da über ihm eine Wolke, die ihn beschattete".

Dann fährt Barhebräus mit der Schilderung von Mohammeds Heirat fort; den Beginn seiner Wirksamkeit als Prophet stellt er ohne jedes weitere Detail dar, ebenso seine Auswanderung nach Medina:

> Als Mohammed fünfundzwanzig Jahre alt war, bot ihm eine angesehene und reiche Frau namens Chadīdscha an, mit ihrem Vermögen als Kaufmann nach Syrien zu ziehen und ihm mehr als einem anderen zu geben. Er entsprach ihrem Wunsch und zog los. Daraufhin begehrte sie ihn und bot sich ihm [als Ehefrau] an; so heiratete er sie, die damals 40 Jahre alt war. Und er wohnte zweiundzwanzig Jahre lang mit ihr zusammen in Mekka, bis sie starb. Als er vierzig Jahre alt war, gab er seine Berufung bekannt. Als dann sein Onkel Abū Ṭālib und auch seine Gattin Chadīdscha gestorben waren, fügte [der Stamm] Quraiš ihm großes Leid zu. Da wandte er sich von ihnen ab und wanderte nach Medina, dem damaligen Yathrib, aus.

Für die folgenden zehn Jahre gibt Barhebräus dann für jedes einzelne Jahr in bloßer Aufzählung die wichtigsten Ereignisse an, vor allem die Feldzüge gegen die Mekkaner und andere arabische Stämme. Nach der Mitteilung über Mohammeds Tod heißt es dann:

> Als er gestorben war, wollten die aus Mekka stammenden „Auswanderer" [*muhāǧirūn*], daß man ihn dorthin zurückbringe, weil es sein Geburtsort war. Doch die Bewohner von Medina, die „Helfer" [*'anṣār*], wollten ihn in Medina begraben wissen, dem Ort seiner Auswanderung und Ausgangspunkt seines Siegeszuges. Es gab dann noch eine Gruppe, die ihn nach Jerusalem überführen wollte, denn das sei der [geeignete] Begräbnisort für Propheten. Schließlich einigte man sich darauf, ihn in Medina zu begraben, und man setzte ihn in seinem Wohnraum bei, in dem er von Gott zu sich genommen worden war.

Ein anderes wichtiges Werk hatte der Oxforder Arabist Jean Gagnier († 1740) im Jahr 1723 zugänglich gemacht; er hatte nämlich den ausführlichen Abschnitt über das Leben Mohammeds aus dem „Abriß über die Geschichte der Menschheit" *(al-Muḫtaṣar fī tārīḫ al-bašar)*, den der berühmte Historiker und Geograph Abū l-Fidā' (1273–1331) aus Hama in Syrien verfaßt hatte, ins Lateinische übersetzt. Bei diesem in Europa bereits im 17. Jahrhundert bekanntgewordenen Werk arabischer Geschichtsschreibung schloß man von der Zuverlässigkeit solcher Nachrichten, die man (wie etwa für die Kreuzfahrerzeit) mit denen aus anderen, europäischen Quellen vergleichen konnte, ohne weiteres darauf, daß dies auch für die Lebensbeschreibung des Propheten und die Frühzeit des Islams gelte. Gagnier selber schrieb darüber hinaus noch ein eigenes Werk mit dem Titel „Leben Mohammeds, übersetzt und zusammengestellt aus dem Koran, authentischen [!] Überlieferungen der Sunna und den besten arabischen Autoren“ (Amsterdam 1732). Schon der Titel verrät hier die Hochachtung vor den arabischen Autoren.

## Die kritischen Textausgaben des 19. Jahrhunderts

Als im 19. Jh. auch in der islamischen Welt der Buchdruck seinen Siegeszug antrat, vergrößerte sich die Anzahl der arabischen Quellentexte, die leicht zugänglich waren, geradezu explosionsartig. Zu gleicher Zeit begann in Europa eine ausgedehnte Editionstätigkeit; herausgegeben wurden vor allem Texte aus den ersten Jahrhunderten der Geschichte des Islams, und die weitverbreitete Überzeugung von der prinzipiellen Zuverlässigkeit der islamischen Quellen konnte sich verfestigen. Der Grund dafür war die bereits erwähnte Eigenart der älteren Werke der islamischen Literatur, für jede Aussage die Gewährsleute anzugeben und dadurch den Überlieferungsweg (*'isnād*) genau nachzuzeichnen (s. o. S. 25). Im folgenden sollen die wichtigsten, im 19. und frühen 20. Jahrhundert bekanntgewordenen Quellenwerke zum Leben Mohammeds vorgestellt werden, und zwar im wesentlichen in der zeitlichen Reihenfolge, in der sie in Buchform erschienen sind.

## Die Prophetenbiographie von Ibn Isḥāq

Im Jahr 1858 gab der Göttinger Bibliothekar und Orientalist Ferdinand Wüstenfeld (1808–99) das arabische Werk *Das Leben Muhammed's nach Muhammed Ibn Ishāk bearbeitet von Abd el-Malik Ibn Hischâm* heraus. Damit machte er der wissenschaftlichen Öffentlichkeit Europas erstmals den wohl wichtigsten arabischsprachigen Quellentext zum Leben Mohammeds zugänglich.

Aus dem Titel geht bereits die Problematik des Werkes von Ibn Isḥāq hervor: Es ist nicht in seiner ursprünglichen Gestalt erhalten, sondern nur als Bearbeitung durch andere Gelehrte oder in Form von Auszügen, d.h. mehr oder weniger ausführlicher Zitierung in den Werken anderer Verfasser. Die bedeutendste und zugleich einflußreichste Bearbeitung stammt von dem ägyptischen Philologen Ibn Hišām. Was macht nun die Eigenart der Biographie von Ibn Isḥāq aus, welche Bedeutung hat sie, und inwiefern kann sie als zuverlässige historische Quelle gelten?

Muḥammad Ibn Isḥāq wurde um 704 in Medina geboren und muß dort schon in jungen Jahren begonnen haben, Ḥadīthe zu sammeln. Zu seinen Lehrern gehörten so bekannte Überlieferer wie az-Zuhrī (st. 742) oder ʿĀṣim Ibn ʿUmar (st. 737). Im Jahre 733 zog er nach Alexandria, um dort als Schüler bei einem Gelehrten namens Yazīd Ibn Abī Ḥabīb (st. 745) Prophetenüberlieferung zu studieren. Wieviel Zeit er dort verbrachte, ist nicht bekannt; sicher ist nur, daß er vor 749 nach Medina zurückkehrte, hier jedoch nicht lange blieb, sondern weiter in den Irak zog. Dort wirkte er am Hof des zweiten abbasidischen Kalifen al-Manṣūr (reg. 754–775), wo er unter anderem Erzieher von dessen Sohn, dem späteren Kalifen al-Mahdī (reg. 775–785), war. Ibn Isḥāq starb im Jahr 767, nachdem er im Auftrag des Kalifen seine Prophetenbiographie verfaßt hatte.

Vom Bearbeiter ʿAbdalmalik Ibn Hišām, der etwa zwei Generationen nach Ibn Isḥāq lebte, weiß man das genaue Geburtsjahr nicht, bekannt ist nur, daß er aus Basra stammte. Er verbrachte sein Leben in Ägypten und wurde als Grammatiker und Genealoge der Könige des südarabischen Reiches Ḥimyar bekannt. Sein eigentlicher Ruhm ist mit der Bearbeitung von Ibn Isḥāqs Werk verbunden, und zwar in solchem Maße, daß dieses Buch einzig unter der Bezeichnung „Prophetenbiographie von Ibn Hišām“ (*sīrat Ibn Hišām*) bekannt wurde. Ibn Hišām starb in Altkairo (Fusṭāṭ), wahrscheinlich im Jahr 834, vielleicht auch schon früher.

Ibn Isḥāqs Werk, das älteren Quellen zufolge ursprünglich den Titel „Buch der Feldzüge“ (*kitāb al-maġāzī*) trug, ist in drei Abschnitte eingeteilt. Im „Buch des Anfangs“ (*kitāb al-mubtadaʾ*) behandelt Ibn Isḥāq zunächst die vorislamische

Heilsgeschichte von der Weltschöpfung bis zu Jesus, wobei er sich nicht nur auf islamische Gewährsleute wie den bekannten Überlieferer Wahb Ibn Munabbih (st. 728 od. 732) stützt, sondern auch auf jüdische und christliche Erzählstoffe zurückgreift; dann berichtet er über die Geschichte des Jemen und den Götzendienst der Araber in vorislamischer Zeit, schließlich über die näheren Vorfahren Mohammeds und das Leben in Mekka. Im zweiten Abschnitt, dem „Buch der Sendung" (*kitāb al-mabʿaṯ*) schreibt Ibn Isḥāq über Mohammeds Jugend, seine Anfänge als Prophet in Mekka und die Auswanderung (*hiǧra*) nach Medina. Im dritten Buch, genannt „Buch der Feldzüge" (*kitāb al-maġāzī*), das ursprünglich auch dem Gesamtwerk den Namen gegeben hat, wird ausführlich über Mohammeds Wirksamkeit in Medina, seine Feldzüge gegen die Mekkaner und die heidnischen arabischen Stämme berichtet; es endet mit Mohammeds Tod, mit der Wahl von Abū Bakr zu seinem Nachfolger (*ḫalīfa*, „Kalif") sowie dem Begräbnis Mohammeds.

Ibn Isḥāq greift in seinem Werk auf sehr unterschiedliche Materialien und Quellen zurück. Nur ein Teil davon, vor allem im dritten Buch, sind Ḥadīthe, die übrigens vor allem aus dem medinensischen Milieu stammen, wie man aus den *ʾIsnāden* ersehen kann. Im ersten Buch bezieht er sich häufig auf Erzählungen, die er von Juden und Christen gehört hat. Erwähnenswert ist zudem, daß Ibn Isḥāq im „Buch der Sendung" und im „Buch der Feldzüge" auch dokumentarische Zeugnisse, wie die sog. „Gemeindeordnung von Medina", und zahlreiche Listen bietet, wie etwa die Namen der Gemeindeglieder, die aus Mekka zeitweise nach Äthiopien auswanderten, oder die Namen der Kämpfer und Gefallenen auf den verschiedenen wichtigen Feldzügen. Vor allem im letzten Buch, dem „Buch der Feldzüge", finden sich schließlich zahlreiche Gedichte, in denen z. B. die Toten gefeiert werden, und zwar sowohl die der eigenen wie gelegentlich auch die der gegnerischen Seite.

Es ist nicht ganz einfach, den genauen Zweck von Ibn Isḥāqs Werk zu beschreiben. Im Mittelpunkt stand offensichtlich sein Bestreben, Mohammed in den Zusammenhang der Heilsgeschichte einzuordnen und ihn als den „letzten Propheten“ darzustellen, für dessen Erscheinen es sowohl in der christlich-jüdischen wie auch in der arabischen Tradition sichere Voraussagen gab. Ganz gewiß spielte dabei auch die Konkurrenz des Islams zu Judentum und Christentum eine Rolle. Mit Mose bzw. Jesus verfügten diese Religionsgemeinschaften nämlich über Gestalten, die in den jeweiligen heiligen Schriften, dem Alten und dem Neuen Testament, so klare Konturen aufwiesen, daß über sie eine Identifikation mit der Religion ohne weiteres möglich war. Der Koran bot im Hinblick auf Mohammed, das „Siegel der Propheten“ (Sure 33,40), jedoch keine in sich geschlossene Lebensgeschichte. Sie zu schreiben unternahm Ibn Isḥāq, indem er eine Vielzahl von Überlieferungen und sonstigen Materialien zu einem chronologisch geordneten Ganzen formte und damit einen in sich geschlossenen Lebenslauf (*sīra*) Mohammeds schuf. Es galt, die vielen Andeutungen im Hinblick auf das Leben Mohammeds, die der Koran enthält, in ein System zu bringen. Hin und wieder benutzte Ibn Isḥāq auch solche koranischen Texte, die nicht auf den ersten Blick einen Bezug zum Leben Mohammeds aufwiesen, und ordnete sie bestimmten Ereignissen zu. Schließlich unterstrich Ibn Isḥāq durch die Anknüpfung an altarabische Literaturtraditionen (wie z.B. die Mischung von Poesie und Prosa) den besonderen Charakter Mohammeds als des arabischen Propheten.

Ibn Isḥāqs Konzept war außerordentlich erfolgreich. Das zeigt zunächst die kürzende Bearbeitung von Ibn Hišām, die schon bald den ursprünglichen Text Ibn Isḥāqs vollkommen verdrängte. Im Anschluß an Ibn Hišām entstand nicht nur eine reiche Kommentarliteratur, sondern es wurden auch viele neue *sīra*-Bücher geschrieben, in denen sich die im Laufe der Zeit zunehmende Verehrung Mohammeds deutlich erkennen läßt.

Aber um zum Anfang zurückzukommen: Ibn Isḥāqs Werk vermittelte nicht zuletzt durch die *'Isnāde*, aber auch durch das Material an Dokumenten und Listen den Eindruck großer historischer Zuverlässigkeit. Kein Wunder also, daß sich sowohl im Orient als auch im Okzident die Auffassung verbreitete, gerade durch Ibn Isḥāqs Werk über Mohammeds Leben ungewöhnlich gut unterrichtet zu sein. Im Westen setzte mit Wüstenfelds Textausgabe von Ibn Hišāms Werk daher die moderne Leben-Mohammed-Forschung ein.

## Der Koran

Wenn ich hier an zweiter Stelle nach Ibn Isḥāqs Biographie den Koran nenne, mag das vielleicht verwunderlich erscheinen, denn war er nicht schon seit längerem verfügbar, und hatte man ihn nicht schon immer als die wichtigste Quelle für das Leben Mohammeds benutzt? Diese Fragen sind natürlich zu bejahen, allerdings mit einer wichtigen Einschränkung. Man hatte nämlich keine klare Vorstellung von der zeitlichen Abfolge der einzelnen Korankapitel, der Suren (*sūra*), d.h. von der inneren Ordnung des Korans, und war daher nur bedingt in der Lage, den Koran auch als „historische" Quelle zu nutzen. Das änderte sich jedoch im Jahr 1860, als der junge deutsche Orientalist Theodor Nöldeke (1836–1930) seine *Geschichte des Qorâns* publizierte. In diesem Werk versucht Nöldeke neben einer präziseren Beschreibung der Art der Offenbarungen, die Mohammed empfangen hat, vor allem, die Entstehungszeit und den Anlaß der einzelnen Suren oder Surenteile zu ermitteln. Dem steht jedoch als erschwerendes Hindernis entgegen, daß der Koran kein im eigentlichen Sinn historisches Werk, sondern Verkündigung ist. Er enthält zwar Geschichten, die sich auf bestimmte geschichtliche Ereignisse beziehen lassen, aber diese Geschehnisse werden in einer Art und Weise erzählt, die zwei Grundbedingungen historischer Darstellung außer acht lassen, nämlich genaue Angaben über Ort und Zeit.

Das soll an folgendem für die Mohammedbiographie wichtigen Beispiel erläutert werden, nämlich daß Mohammed angeblich im „Jahr des Elefanten" geboren ist. Dafür berufen sich die Muslime häufig auf Sure 105 („Der Elefant", *al-fīl*); sie lautet wie folgt (Übersetzung nach Rückert):

[1] Sahst du nicht, was dein Herr tat an denen mit dem Elefanten?
[2] Macht' er nicht ihre List zu Schanden,
[3] Da er auf sie ein Heer von Vögel sandte,
[4] Das sie mit Steinen warf, gebrannten;
[5] So macht' er sie gleich abgefress'nen Saaten.

In einem der unter Muslimen populärsten Korankommentare, dem von den beiden ägyptischen Gelehrten Ǧalāl ad-Dīn al-Maḥallī (st. 1459) und Ǧalāl ad-Dīn as-Suyūṭī (1445–1505) verfaßten sog. *Tafsīr al-Ǧalālain* („Kommentar der beiden Ǧalāl"), wird das historische Geschehen, das den Anlaß für den in der Sure geoffenbarten Text bildete, wie folgt geschildert:

Der Elefant [*fīl*] ist Maḥmūd und „die mit dem Elefanten" [*'aṣḥāb al-fīl*] sind Abraha, der König des Jemen, und sein Heer. Abraha baute in Sanaa eine Kirche, um die Pilger von Mekka dorthin zu ziehen; da verrichtete ein Mann vom Stamm der Kināna in ihr seine Notdurft und beschmutzte die der Heiligen Jungfrau geweihte Nische aus Geringschätzung ihr gegenüber; da schwor Abraha, die Kaaba zu zerstören, und kam mit seinem Heer, reitend auf Elefanten des Jemen, ihm voran Maḥmūd. Und als sie sich anschickten, die Kaaba zu zerstören, schickte Gott das über sie, was er in seinem Wort [d.h. den Versen 3 bis 5] erzählt ... Dieses Jahr war das der Geburt des Propheten.

Tatsächlich ist ein aus Äthiopien stammender christlicher König Abraha (äthiop. Abreha) sicher bezeugt. Er war zunächst Feldherr im Heer des Herrschers von Aksum in Äthiopien, Ella Asbeha, der ab 525 das im heutigen Jemen liegende Königreich Ḥimyar eroberte und dort einen Vasallenkönig namens Sumyafaʿ Ašwaʿ einsetzte. Gegen diesen revoltierte um 535 Abraha, machte sich selber zum König und herrschte bis zu seinem Tod um 560. Ein Feldzug Abrahas in nördlichere Regionen Arabiens (und womöglich nach Mekka) hat, entsprechend einer in Zentralarabien angebrachten Felsinschrift, 552 (nach anderer Deutung 547) stattgefunden. Die Verknüpfung zwischen diesen ziemlich sicher feststellbaren historischen Daten und dem koranischen Text ist aber nun, wie man leicht sehen kann, problematisch, denn im Koran wird ja weder ein Name noch ein Datum genannt. Damit soll allerdings keineswegs in Frage gestellt werden, daß Sure 105 die Erinnerung an ein markantes historisches Ereignis enthält. Darauf weisen schon die ältesten Kommentare zu dieser Sure, z.B. von aṭ-Ṭabarī (st. 923) hin, die zum Teil aber auch widersprüchliche Nachrichten enthalten. Problematisch ist auch die Schlußfolgerung im oben zitierten Kommentartext, das „Jahr des Elefanten" sei das Geburtsjahr Mohammeds. Zwar ist diese Annahme im Islam weitverbreitet, aber es gibt seit altersher eine Reihe gewichtiger Traditionen dagegen, und sie werden durch die neuere historische Forschung, vor allem die erwähnten Inschriften, unterstützt. So ist z.B. von Ibn al-Kalbī (st. 819), dem Verfasser bedeutender Werke über die Genealogie und die vorislamische Religion der Araber, überliefert, der Prophet sei 23 Jahre *nach* dem „Jahr des Elefanten" geboren. Wenn man den Koran als historische Quelle für das Leben Mohammeds heranziehen will, dann ergibt sich also aus Sure 105 nicht zwingend, daß Mohammed „im Jahr des Elefanten" geboren ist, und ebensowenig läßt sich das genaue Geburtsdatum herauslesen.

Nun ist bei Geburtsdaten und Berichten über die Kindheit von Persönlichkeiten wie Buddha, Jesus oder Mohammed eine gewisse Vorsicht geboten, da hier von Anfang an die Tendenz zu legendarischer Ausschmückung gegeben ist. Beim Koran lag es für die muslimischen Ausleger nahe, alle Verse, in denen ein „Du" angeredet wird, auf Mohammed zu beziehen und historisierend zu deuten; so heißt es z.B. in Sure 93,6:

> Fand er dich nicht als Waise und nahm dich auf?

Dieser Vers wird gewöhnlich so interpretiert, daß Mohammed als Waise bzw. Halbwaise zur Welt gekommen sei. Doch liegt an dieser Stelle eher ein Topos prophetischer Rede vor, aus dem man keine sicheren historischen Schlußfolgerungen ziehen kann (vgl. dazu *Der Koran*, S. 28f.).

Gleichwohl enthält der Koran eine Fülle von Material, das historisch von großer Bedeutung ist und mit dessen Hilfe man nicht nur Rückschlüsse auf die sozialen und religiösen Verhältnisse in Mekka und Medina zur Zeit Mohammeds ziehen kann, sondern auch auf Mohammeds Wirken als Prophet. Eine wichtige Grundlage dafür ist allerdings eine einigermaßen gesicherte Chronologie der Suren (bzw. der Surenteile) des Korans. Um sie herzustellen, kann man nicht von vornherein auf die muslimische historische Überlieferung verzichten, wie schon Nöldeke klar gesehen hat. Er erarbeitete, an einen älteren Versuch von Gustav Weil aus dem Jahr 1843 anknüpfend, und indem er sprachlich-formale und inhaltlich-historische Kriterien kombinierte, eine Chronologie, die sich, trotz mancher Modifikationen im einzelnen, bis heute bewährt hat. Grundlegend ist dabei die schon von der islamischen Traditionswissenschaft getroffene Unterscheidung zwischen den mekkanischen und medinensischen Suren, d.h. zwischen solchen, die in Mekka und solchen, die in Medina geoffenbart worden sind.

Zur Begründung der Offenbarung einzelner Verse oder auch ganzer Suren entstand, in engstem Zusammenhang mit dem Ḥadīth, die eigene Literaturgattung der sog. „Offenbarungsanlässe" (*'asbāb an-nuzūl,* sg. *sabab an-nuzūl*). Auch wenn für zahlreiche Koranverse (bzw. Versgruppen) oft verschiedene „Offenbarungsanlässe" überliefert sind und es sich als schwierig erweist, sich für eine Version zu entscheiden, so ist das kein Grund, der Gattung als solcher generelles Mißtrauen entgegenzubringen. Denn es gibt in durchaus nicht wenigen Fällen, gerade bei medinensischen Suren, einen breiten Konsens muslimischer Gelehrter darüber, daß solche Suren in Zusammenhang mit bestimmten markanten historischen Ereignissen stehen. So wird z.B. Sure 8 (*al-'anfāl*, „Die Beute") mit der Schlacht von Badr (s.u. S. 100) in Zusammenhang gebracht. Für Sure 33 (*al-'aḥzāb*, „Die Gruppen") gilt der sog. „Grabenkrieg" (s.u. S. 103) als Hintergrund, und für Sure 48 (*al-fatḥ*, „Der Erfolg") der Vertrag von Ḥudaibiya (s.u. S. 110). Wenn in diesen Fällen der generelle historische Rahmen als sicher erscheint, so bleibt gleichwohl die Zuordnung von Einzelheiten und deren chronologische Einordnung stets mit einer gewissen Unsicherheit behaftet. Trotz der Schwierigkeiten, die der Koran aufgrund seiner besonderen Sprachform bietet, ist er als Geschichtsquelle für die Biographie Mohammeds unverzichtbar.

## Das Geschichtswerk von aṭ-Ṭabarī

Das heutige Wissen über die Frühzeit des Islams und die älteste Auslegung des Korans wäre ohne das Werk von Abū Ǧaʿfar Muḥammad Ibn Ǧarīr aṭ-Ṭabarī mehr als lückenhaft. Geboren 839 in der Stadt Āmul in der nordiranischen Landschaft Ṭabaristān (daher sein Name aṭ-Ṭabarī), verließ er im Alter von zwölf Jahren seine Heimatstadt und begann seine Wanderjahre „auf der Suche nach Wissen" (*fī ṭalab al-ʿilm*). Dabei hielt er sich zunächst in Rayy (in der Nähe von Teheran) auf, reiste dann nach Bagdad und weiter in die südirakischen Städte Wāsiṭ, Kufa und Basra. Nachdem er Syrien und Ägypten besucht hatte, ließ er sich um 870 in Bagdad nieder, wo er den Rest seines Lebens als Gelehrter verbrachte; er starb 923. Auf seinen Reisen hatte sich aṭ-Ṭabarī ein umfangreiches Wissen auf zahlreichen Gebieten angeeignet, vor allem in der Geschichte, der Prophetenüberlieferung und der Koranauslegung. Seine beiden wichtigsten, jeweils äußerst umfangreichen Werke sind die „Geschichte der Gesandten und Könige" (*Tārīḫ ar-rusul wa-l-mulūk*) und der Korankommentar „Umfassende Erläuterung zur Koranauslegung" (*Ǧāmiʿ al-bayān ʿan taʾwīl al-qurʾān*), die beide für die Biographie Mohammeds von großer Bedeutung sind, da er in ihnen eine Fülle älterer, heute teilweise verlorener Werke verarbeitet. Bemerkenswert ist, daß aṭ-Ṭabarī seine Quellen in der Regel genau angibt und sie oft wörtlich zitiert. Ähnlich wie in seinem Korankommentar (vgl. *Der Koran*, S. 114f.) gibt aṭ-Ṭabarī auch in seiner *Geschichte* zu bestimmten Ereignissen oft unterschiedliche Darstellungen, die er häufig – ohne sie zu werten oder sich für eine zu entscheiden – nebeneinander stehen läßt.

Ṭabarīs *Geschichte* ist als Weltgeschichte angelegt. Sie beginnt mit der Schöpfung, der Geschichte der Patriarchen, Könige und Propheten des Alten Israel bis hin zu Jesus. Außerdem enthält sie Nachrichten über die Könige des Alten Persien sowie eine Geschichte der Sassaniden, bevor aṭ-Ṭabarī ausführlich das Leben Mohammeds darstellt. Vom Jahr 622, also vom Beginn der Auswanderung (*hiğra*) nach Medina, an ist aṭ-Ṭabarīs *Geschichte* als Jahreschronik (bis zum Jahr 915) aufgebaut; man spricht daher auch von den *Annalen* des Ṭabarī.

Mit der Veröffentlichung von aṭ-Ṭabarīs *Geschichte* durch den holländischen Arabisten Michael Jan de Goeje (1836–1909) in den Jahren 1879–1901 konnte man erstmals die Arbeitsweise von Ibn Hišām kontrollieren. Denn der Ibn Hišāms *Sīra* zugrundeliegende Ibn Isḥāq war ja auch für aṭ-Ṭabarī eine sehr wichtige Quelle, und es ist keineswegs überraschend, bei aṭ-Ṭabarī Abschnitte aus Ibn Isḥāq zitiert zu finden, die Ibn Hišām weggelassen hat. Am berühmtesten ist in diesem Zusammenhang wohl die Episode mit den sog. „satanischen Versen" (vgl. *Der Koran*, S. 59f.). Unter Berufung auf Ibn Isḥāq und dessen Lehrer heißt es bei aṭ-Ṭabarī:

> Als der Gesandte Gottes sah, wie sich sein Stamm von ihm abwandte, und es ihn betrübte, zu sehen, wie das, was von Gott zu ihm kam, sie von ihm entfernte, wünschte er bei sich, es möchte doch einmal von Gott etwas herabkommen, was ihn seinem Stamm wieder annäherte; bei seiner Liebe zu seinem Stamm und seiner Sorge um ihn hätte es ihn erfreut, wenn sich einige von den Schwierigkeiten, die sie ihm bereiteten, behoben hätten, so daß er darüber mit sich selber sprach und es sehnlichst herbeiwünschte; da sandte Gott herab [Sure 53, 1–3]:
> [1] Beim Stern, wenn er fällt!
> [2] Nicht irret euer Gefährte noch ist er geprellt,
> [3] Noch spricht er, was ihm allein gefällt.
> Und als er zu dem Satz kam:
> [19] Was meint ihr denn von al-Lāt und al-ʿUzzā,
> [20] Und von Manāt, der dritten dazu?
> Da legte der Satan ihm, weil er [d. h. Mohammed] zu sich selber gesprochen und dies zu seinem Volk zu bringen gewünscht hatte, folgendes auf die Zunge:
> Das sind die hochfliegenden Vögel,
> Angenommen wird deren Fürsprache.
> Als das die Quraiš hörten, freuten sie sich, und sie waren glücklich und zufrieden darüber, wie er ihre Götter genannt hatte, und sie hörten ihm zu. Die Muslime hingegen glaubten ihrem Propheten das, womit er zu ihnen von Gott kam, und verdächtigten ihn nicht irgendeines Fehlers, einer Illusion oder eines Versprechers. Als er zu dem Satz
> [62] So werft euch vor Gott nieder und dienet ihm!
> kam und die Sure [damit] abschloß, da fielen die Muslime nieder wie

> ihr Prophet, auf diese Weise das beglaubigend, was er vorgetragen hatte, und ihm darin folgend; und auch die im Gebetsraum befindlichen Ungläubigen und andere von den Quraiš fielen nieder, als sie ihre Götter genannt hörten, und es war weder Muslim noch Ungläubiger im Gebetsraum, der nicht niedergefallen wäre ... Dann gingen die Menschen aus der Moschee und zerstreuten sich.

Dadurch, daß die Quraišiten bei Beendigung des Surenvortrags niederfallen, bestätigen sie einerseits die Wahrheit der Sendung Mohammeds und andererseits die Möglichkeit einer Übereinkunft zwischen der „neuen" Lehre Mohammeds und der angestammten Religion. Aṭ-Ṭabarī stellt diese Nachricht als so bedeutend dar, daß daraufhin muslimische Flüchtlinge aus Äthiopien (s. u. S. 86) nach Mekka zurückkehrten. Daraufhin eröffnet jedoch Gabriel Mohammed, so die Darstellung aṭ-Ṭabarīs, daß die beiden Verse über die Fürsprecherrolle der drei Göttinnen (von denen bildlich als „hochfliegenden [Kranich-] Vögeln" [*ġarānīq*] gesprochen wird) eine Eingebung des Satans gewesen seien, also nicht von Gott geoffenbart worden seien.

Man hat nun viel darüber diskutiert, ob diese Episode „authentisch" sei, ohne daß diese Frage bislang überzeugend entschieden wäre. In unserem Zusammenhang ist der Gesichtspunkt von Bedeutung, daß das Geschehen jedenfalls der sonst in der Prophetenbiographie zu beobachtenden Tendenz zuwiderläuft, Mohammed nur in einem günstigen Licht zu malen: Hier erscheint er ja, psychologisch übrigens sehr genau beobachtet, als das Opfer illusionistischen Denkens. Ibn Isḥāq und mit ihm aṭ-Ṭabarī hielten diesen „Sündenfall Mohammeds", wie Frants Buhl ihn bezeichnet, in jedem Fall für mitteilenswert, und allein aus diesem einen Beispiel, dem man andere hinzufügen könnte, läßt sich entnehmen, wie wertvoll das Werk aṭ-Ṭabarīs gerade durch seine Traditionsgebundenheit ist, und wie sehr seine Kenntnis das Bild, das man sich bisher im Abendland vom Propheten machen konnte, bereicherte.

## Das „Buch der Feldzüge" des Wāqidī

Wenige Jahre, nachdem der erste Band von aṭ-Ṭabarīs „Geschichte" erschienen war, gab der Theologe und Arabist Julius Wellhausen (1844–1918) 1882 ein weiteres, für die Mohammedbiographie außerordentlich wichtiges Werk heraus, nämlich eine Übersetzung von al-Wāqidīs „Buch der Feldzüge".

Wie Ibn Isḥāq war auch Muhammad Ibn ʿUmar al-Wāqidī ein Sohn der Prophetenstadt Medina; hier wurde er 747 geboren, und von ihren Gelehrten erwarb er sein umfangreiches Wissen in den islamischen Traditionswissenschaften. Sein späterer Schüler Ibn Saʿd weiß in einer biographischen Notiz zu berichten, daß al-Wāqidī dem Kalifen Hārūn ar-Rašīd (reg. 786–809), als dieser im Jahre 787 während seiner Wallfahrt nach Mekka auch Medina besuchte, als Führer zu den dortigen heiligen Stätten diente. Dies mag ihm die Gunst des abbasidischen Hofes eingetragen haben, jedenfalls zog er 796 nach Bagdad, wo ihm der Kalif ein Richteramt in einem Stadtteil übertrug. Al-Wāqidī, der im Jahr 823 in Bagdad starb, soll an die 30 Bücher verfaßt haben, von denen nur eines erhalten ist, nämlich das „Buch der Feldzüge" (*Kitāb al-Maġāzī*).

Mit den „Feldzügen" (pl. *maġāzī* od. *ġazawāt*; unser Wort „Razzia" leitet sich davon ab!) sind alle kriegerischen Unternehmungen gemeint, die Mohammed seit der Auswanderung nach Medina im Jahr 622 unternahm und die sich zum größten Teil gegen die Mekkaner richteten. Al-Wāqidīs Werk ist demnach also nur der medinensischen Wirksamkeit Mohammeds gewidmet, die weit ausführlicher dargestellt wird, als es bei Ibn Isḥāq der Fall ist. Al-Wāqidī benutzt dafür in seinem Buch eine Reihe älterer Werke, auch das von Ibn Isḥāq. Gerade wegen der größeren Ausführlichkeit haben Biographen wie Aloys Sprenger (s.u. S. 116) und William Muir (s.u. S. 116) große Stücke auf al-Wāqidī gehalten, aber Wellhausen hat schlüssig bewiesen, daß die von al-Wāqidī gezeichnete Tradition

> einen Schritt über Ibn Isḥāq hinausgegangen ... ist; in der Richtung, wie sie sich überhaupt entwickelt, von dem was wahr ist zu dem was

für schön gilt. Die Wunder nehmen zu, Engel und Teufel bekommen mehr zu tun, der ganze Ton wird geistlicher.

Das „Mehr" al-Wāqidīs gegenüber Ibn Isḥāq beruht also in vielen Fällen auf legendarischer Ausschmückung. Aber mindert das den Wert von al-Wāqidīs Werk? Gewiß schon deshalb nicht, weil al-Wāqidī manches wichtige Ereignis, wie z. B. die Schlacht von Uḥud (s. u. S. 101) oder den sog. „Grabenkrieg" (s. u. S. 103) viel „anschaulicher und verständlicher" (Wellhausen) schildert als Ibn Isḥāq. Vor allem aber ist al-Wāqidī an einer genauen Chronologie der Ereignisse interessiert. Auch bei der Darstellung der einzelnen „Feldzüge" geht er überaus systematisch vor; er beginnt mit Zeitangaben über deren Anfang und Ende, schildert dann die eigentlichen Kampfhandlungen und deutet abschließend unter anderem die Koranverse, die Anspielungen auf das Geschehen enthalten, und gibt Listen mit den Teilnehmern an diesen Feldzügen.

Neuere Untersuchungen sehen den Wert von al-Wāqidīs Werk vor allem darin, daß es „zum Erweis der grundsätzlichen Vielfalt der *Sīra*-Überlieferung" (M. Schöller) als brauchbare Ergänzung zu Ibn Isḥāqs *Sīra* zu verstehen ist. Al-Wāqidī hat gerade durch das Überlieferungsmaterial, das er zusätzlich dazu bot, und durch die Korrekturen an der Darstellung von Ibn Isḥāq (z. B. auf dem Gebiet der Chronologie) dessen Autorität auf dem Gebiet der *Sīra* geradezu untergraben.

## Die Biographiensammlung des Ibn Saʿd

Einen völlig neuartigen Typ von Quellenwerk schuf al-Wāqidīs Sekretär (*kātib*) Abū ʿAbdallāh Muḥammad Ibn Saʿd (geb. 784 in Basra, st. 845 in Bagdad). Man weiß von ihm, daß er eine Zeitlang in Medina gelebt hatte, ehe er sich in Bagdad niederließ und al-Wāqidī anschloß. Sein einziges erhaltenes Werk ist eine umfangreiche Sammlung von Biographien der sog. „Prophetengefährten" (*ṣaḥāba*) und ihrer „Nachfolger" (*tābiʿūn*), d. h. der nachfolgenden Generation. Es ist bemerkenswert, daß es in diesem Werk einen eigens den Frauen gewidmeten Band gibt, woraus ersichtlich ist, daß im islamischen Überlieferungswesen auch Frauen eine wichtige Rolle gespielt haben – angefangen bei den Frauen des Propheten, wie z. B. Aischa (s. o. S. 26). Ibn Saʿd leitet sein großes Werk mit einer umfangreichen Biographie Mohammeds ein, und dies ist die älteste, vollständig in ihrer ursprünglichen Form erhaltene Lebensbeschreibung des Propheten.

Das gesamte, 1904–17 unter der Leitung von Eduard Sachau (1845–1930) edierte Werk trägt den Titel „Das große Klassenbuch" (*Kitāb aṭ-ṭabaqāt al-kabīr*), wobei mit den „Klassen" (sg. *ṭabaqa*) verschiedene Personengruppen aus der Umgebung des Propheten gemeint sind, die in der Entstehungszeit des Islams Bedeutung erlangt haben.

Ibn Saʿd stellt das Leben Mohammeds in etwas anderer, man könnte sagen, in systematischerer Weise dar als seine Vorgänger. Er beginnt mit der prophetischen Abstammung Mohammeds und der Feststellung seiner Erwählung:

> Der Gesandte Gottes sagte: Gott erwählte Ismāʿīl von den Nachkommen Ibrāhīms, und die Banū Kināna von den Nachkommen Ismāʿīls, und die Quraiš von den Banū Kināna, und die Banū Hāšim von den Quraiš, und von den Banū Hāšim erwählte er mich.

Wenn hier von Erwählung die Rede ist, muß man sich in Erinnerung rufen, daß die Juden sich als das erwählte Volk des Bundes verstanden, und daß auch die Christen für sich in Anspruch nahmen, ein „auserwähltes Geschlecht", ja ein „heiliges Volk" zu sein (vgl. 1. Petrusbrief 2, 9). Wenn gleich zu Beginn die Erwählung Ismāʿīls (als des Stammvaters der Araber) betont wird, geht daraus klar hervor, daß hier ein neuer Erwählungsanspruch gegenüber Juden und Christen erhoben wird: Mohammed ist der „erwählte Prophet"; daher wird er auch oft *al-muṣṭafā* (dt. „der Auserwählte") genannt. Dies in aller Breite und aus verschiedenen Blickwinkeln möglichst systematisch nachzuweisen, scheint für Ibn Saʿd ein wichtiges Anliegen zu sein, denn in seiner Mohammedbiographie wird eine gewisse Akzentverlagerung sichtbar, indem er sich in seiner Darstellung weit mehr als seine Vorgänger auf den Propheten selbst und den Erweis seines Prophetentums konzentriert. So gibt es eigene Kapitel, in denen Ibn Saʿd die „Anzeichen für das Prophetentum" (*ʿalāmāt an-nubūwa*) Mohammeds vor und nach der ersten Offenbarung schildert, und weitere Abschnitte, in denen er in systematischer Weise verschiedene Eigenschaften des Propheten (*ṣifāt ʾaḫlāq ar-rasūl*) beschreibt, z.B. wie dieser redete oder beim Gebet rezitierte und wie schön seine Stimme war. Damit wird Ibn Saʿd zum Pionier ganz spezieller Gattungen der islamischen Prophetenliteratur, deren thematische Schwerpunkte die „Beweise für das Prophetentum" (*dalāʾil an-nubūwa*) und die „Charaktereigenschaften" (*šamāʾil*) des Propheten sind; in dieser Literatur geht es jedoch vor allem um die Verehrung des Propheten, d.h. sie hat primär hagiographischen Charakter und kann daher für die Biographie des Propheten nur sehr bedingt herangezogen werden.

Die Auflistung der militärischen Unternehmungen des Propheten, seiner offiziellen Sendschreiben (wie z.B. an den byzantinischen Kaiser Herakleios) und schließlich die Nennung der Gesandtschaften (*wufūd*), die die arabischen Stämme zu Mohammed schickten, ist eine weitere Besonderheit von Ibn Saʿds Prophetenbiographie. Dadurch wird die rein chronologische Anordnung des Stoffes in mehrfacher Hinsicht durchbrochen, und zwar zugunsten einer thematisch orientierten Darstellungsweise, die andere Autoren später übernehmen.

# 4. Arabien – Heimat und Umfeld des Propheten

Die Halbinsel Arabien war lange Zeit eine Landschaft, die man in Europa in erster Linie mit dem Begriff Wüste in Verbindung brachte, und damit gleichsam der Inbegriff des Abgelegenen. Das hat sich heute eigentlich nur unwesentlich geändert, obwohl die Staaten der arabischen Halbinsel im letzten Jahrhundert durch das reichlich sprudelnde Erdöl an Macht und Einfluß gewonnen haben. Aber nach wie vor ist der größte Teil Arabiens, nämlich Saudi-Arabien, in dessen westlichem Teil, dem Hedschas, Mekka und Medina, die beiden heiligsten Städte des Islam liegen, kein besonders leicht zugängliches Land. Nur einmal im Jahr ist der Zutritt erleichtert – allerdings nur für Muslime: Zur Wallfahrt (*ḥaǧǧ*), die im Koran (Sure 3,97) jedem Muslim (wenn möglich) zu unternehmen vorgeschrieben ist, kommen jedes Jahr im islamischen Monat Dhū al-Ḥiǧǧa zwischen 1,5 und 2 Millionen Muslime nach Mekka. Der Hedschas ist damit so etwas wie das rituelle und geographische Zentrum des Islams. Dennoch befand sich der Hedschas fast während der gesamten islamischen Ära im politischen Abseits.

## Zur Geschichte Arabiens vor Mohammed

Die Geschichte der arabischen Halbinsel (die Araber nennen sie die „Insel der Araber" *ǧazīrat al-ʿArab*) kann hier nur für die dem Islam unmittelbar vorausgehende Zeit dargestellt werden.

Im 6. Jahrhundert n. Chr. geriet Arabien zunehmend in den Sog des Konflikts zwischen dem Byzantinischen Reich, das in Asien neben Anatolien die Levante und Ägypten beherrschte, und dem neupersischen Reich der Sassaniden, das im Westen bis nach Mesopotamien reichte. Beide Reiche hatten am Nordrand der arabischen Halbinsel eigene Pufferstaaten: Die Ghassāniden (*Banū Ġassān*) im Nordwesten waren Vasallen der Byzantiner, und die Lachmiden mit dem Zentrum al-Ḥīra im Nordosten (im heutigen südlichen Irak) waren den Persern botmäßig. Aus der altarabischen vorislamischen Literatur kann man einiges über diese Zeit erfahren, denn manch ein arabischer Dichter stand im Dienste entweder der Ghassāniden oder Lachmiden – oder auch beider Herrscherhäuser.

Eine weitere Macht, die in der Folgezeit vor allem auf den Süden Einfluß ausüben sollte, war das äthiopische Reich von Aksum. Der bedeutendste aksumitische König Ezana nahm um die Mitte des 4. Jh.s das Christentum an und konnte seinen Einfluß offenbar zeitweise auch auf Südarabien ausdehnen. Wie bereits weiter oben (s. S. 40) erwähnt, intervenierte der äthiopische Herrscher Ella Asbeha im Jahr 525 mit Unterstützung des byzantinischen Kaisers Justinos I. (reg. 518–27) in Südarabien. Der Grund dafür war die Verfolgung der Christen, die unter dem zum Judentum konvertierten himyarischen Herrscher Yūsuf As'ar Yath'ar (in der arabischen Überlieferung Dhū Nuwās genannt; reg. ca. 517–525) mit der Eroberung von Nağrān und dem Martyrium der dortigen Christen einen Höhepunkt erreicht hatte. Yūsuf wurde vom äthiopischen Heer geschlagen und fand den Tod. Das südarabische Reich Ḥimyar wurde von den Äthiopiern erobert, die dort einen Vasallenkönig einsetzten. Gegen die Äthiopier riefen jemenitische Fürsten die Perser zu Hilfe, und zwischen 570 und 575 wurde Südarabien schließlich zur sassanidischen Provinz. Der seit dem Beginn des 6. Jahrunderts bemerkbare wirtschaftliche Niedergang wurde durch den letzten großen Dammbruch von Mārib im Jahr 575 endgültig besiegelt.

## Die religiösen Verhältnisse in Arabien vor dem Islam

Bis heute gibt es keine restlos überzeugende historische Erklärung für den ungeheuren Erfolg von Mohammeds Auftreten und die dadurch initiierte rasche territoriale Ausbreitung des Islams; daher kann auch in diesem Rahmen die Frage, warum Arabien gleichsam „reif" für den Islam war, nur annäherungsweise beantwortet werden. In der älteren Forschung ist des öfteren der Versuch unternommen worden, den Islam einseitig entweder aus dem Judentum oder aus bestimmten Formen des Christentums wie z. B. dem Judenchristentum zu erklären. Solche Versuche sind deshalb wenig überzeugend, weil jede „neue“ Religion immer eine Synthese aus Altem und Neuem darstellt, d. h. sie knüpft einerseits stets an überkommene Gedanken oder Riten an, die sie neu interpretiert, andererseits aber enthält sie völlig neue, letztlich unerklärliche, unableitbare Elemente. In diesem Sinne gilt für den Islam, daß er sowohl altarabische als auch verschiedene jüdische und christliche Elemente in sich aufgenommen hat, gleichwohl aber etwas völlig Neues verkörpert, das in keiner Weise als bloße Summe altarabischer, jüdischer und christlicher Einflüsse verstanden werden kann.

Diese Ansicht wird durch den Koran in jeder Hinsicht bestätigt, denn seine Botschaft besteht ja zu einem nicht unbeträchtlichen Teil aus der Auseinandersetzung mit den Anhängern der „alten“ Religionen, die an mehreren Stellen ausdrücklich genannt werden und von denen ich hier nur eine herausgreifen möchte (Sure 22,17):

> ... diejenigen, die glauben, diejenigen, die dem Judentum angehören, die Sabier, die Christen, die Zoroastrier und diejenigen, die [dem Einen Gott] einen Teilhaber an die Seite stellen ...

Allerdings gibt es neben dem Koran noch eine Reihe anderer, sowohl literarischer wie archäologischer Zeugnisse, aus denen Informationen über die wichtigsten im alten Arabien bezeugten Religionen zu gewinnen sind.

## Die zentralarabische pagane Religion

Wenn man den Koran und dazu die *Sīra* unvoreingenommen betrachtet, dann gewinnt man den Eindruck, daß sich die neue Botschaft, die Mohammed verkündigt, hauptsächlich gegen die Verehrung von Götzenbildern (*ʾaṣnām, ʾauṯān*), d. h. gegen jede Art von Vielgötterei bzw. Polytheismus richtet. Allerdings bedarf dieser Begriff einer Präzisierung, da im Koran das Wort für einen reinen Polytheismus fehlt. Stattdessen begegnet uns in diesem sachlichen Zusammenhang im Koran ein einziges Mal der Begriff *širk*, den man etwas umständlich mit „die Tatsache, daß man jemandem einen Teilhaber gibt" oder mit dem wenig gebräuchlichen Wort „Beigesellung" übersetzen kann. In Sure 31,13 heißt es von einem Weisen der Vorzeit, Luqmān:

> Als Luqmān zu seinem Sohn, ihn mahnend, sprach:
> Mein Sohn, keinen Teilhaber gib Gott!
> Siehe, die Beigesellung [*širk*] ist ein großes Unrecht.

Viel häufiger kommen im Koran die Wörter *mušrik* „jemand der *širk* verübt" oder Formen des Verbums *'ašraka* „*širk* verüben" vor. Auch in der weiter oben zitierten Koranstelle 22,17 ist „von denen, die *širk* verüben" die Rede. In vielen älteren, aber auch zeitgenössischen Koranübersetzungen findet sich für *mušrik* die Übersetzung „Polytheist" oder „Götzendiener"; das führt deshalb in die Irre, weil an anderen Koranstellen dieser Begriff auch für die sog. „Buchbesitzer" (*'ahl al-kitāb*), d.h. Juden und Christen, benutzt wird. Der koranische Begriff *širk* ist also einerseits viel umfassender, andererseits viel spezieller als es das Wort „Polytheismus" ausdrücken könnte. Entscheidend ist die Tatsache, daß im Begriff des *širk* der Gedanke des Einen Gottes, also des Monotheismus, bereits enthalten ist.

Ich habe bislang das Wort „Heidentum" absichtlich vermieden, da es sich dabei aus christlicher Perspektive um eine historisch belastete, abwertende Bezeichnung nicht-christlicher Religionen handelt; statt dessen werde ich von der zentralarabischen paganen Religion reden.

Wenn man danach fragt, welche Gottheiten die vorwiegend beduinischen Einwohner Zentralarabiens verehrt haben, dann ist von vornherein zu berücksichtigen, daß sich schon recht früh der Glaube an einen Hochgott durchgesetzt hat, der den Namen „der Gott", *allāhu*, erhielt. Er galt als der Schöpfer der Welt und als der eigentliche Nothelfer, in dessen Dienst alle anderen Götter standen (vgl. *Der Koran*, S. 58–60), die aber nicht in irgendeiner Weise in einer Hierarchie geordnet waren. Auch in Südarabien entwickelte sich im 4. Jh. ein „ḥimyarischer Monotheismus" (W.W. Müller), in dem der

Gott *Raḥmānān* (d.h. „der Barmherzige“) als „Herr des Himmels und der Erde“ verehrt wurde. Die Vermutung, daß hier Zusammenhänge mit dem in einigen Koransuren (wie z.B. 19–21, 25, 36, 43, 67) gehäuft vorkommenden Gottesnamen *ar-Raḥmān* „der Erbarmer“ bestehen, ist naheliegend.

Von den zahlreichen Göttern werden drei weibliche als „Töchter Allahs“ im Koran (Sure 53,19f.) genannt: al-Lāt, Manāt und al-ʿUzzā. Mehr als die bloßen Namen erfährt man aus dem „Götzenbuch“ (*Kitāb al-ʾaṣnām*) des muslimischen Gelehrten Ibn al-Kalbī (st. 819), in dem wertvolle Informationen über die vorislamischen paganen Kulte Arabiens zu finden sind. Al-Lāt, eine Göttin, die schon im 5. Jahrhundert v. Chr. archäologisch belegbar ist, wurde vor allem im 1. bis 3. Jahrhundert n. Chr. im nord- und nordostarabischen Raum als Mutter- und Fruchtbarkeitsgottheit verehrt. Ibn al-Kalbī nennt als Zentrum ihrer Verehrung, die hauptsächlich im Stamm Thaqīf beheimatet war, den nahe Mekka gelegenen Ort aṭ-Ṭā'if. Auch Manāt (der Name bedeutet Schicksal oder Todesgeschick) ist eine sehr alte Gottheit (nach dem „Götzenbuch“ sogar die älteste), die vor allem von den beiden medinensischen Stämmen Aus und Chazradsch verehrt wurde; eine Statue befand sich in Quḍaiḍ, unweit von Mekka am Weg nach Medina. Al-ʿUzzā schließlich, deren Kultstätte ein Tal in Nachla in der Nähe von Mekka war, wurde vor allem von den Quraiš verehrt. Sie ist wahrscheinlich mit Venus gleichzusetzen. Im Innern der Kaaba in Mekka stand das Standbild des Gottes Hubal, vor dem man Lospfeile warf, wenn man ein Orakel begehrte. Interessant ist, daß sich im Koran keinerlei Polemik gegen Hubal findet.

Nicht jede der Gottheiten hatte ein „Haus“, wohl aber einen Kultbezirk, in dem bestimmte Kulthandlungen wie z.B. die Opferung von Tieren oder der Umlauf (*ṭawāf*) um Idole, d.h. heilige Steine (*ʾanṣāb*) oder (wesentlich seltener) Standbilder, vollzogen wurden. Der Kultbezirk war zugleich Asylbereich. Zu jedem heiligen Bezirk konnte man „Wallfahrten“ veranstalten. Für Zentralarabien gewannen jedoch in dieser Hinsicht die Kultstätten von Mekka und seiner näheren Umgebung besondere Bedeutung. In Mekka war der ursprüngliche Gegenstand der Verehrung ein schwarzer Meteorit, der in die Nordostecke des würfelförmigen Kultgebäudes (daher der Name *kaʿba* = „Kubus") eingelassen war. In der Kaaba befand sich außerdem eine Taube aus Aloeholz und das schon erwähnte Standbild des Hūbal. Etwa 20 km östlich von Mekka befand sich als Ziel einer „Wallfahrt" (*ḥağğ*) der Ort ʿArafāt, den man im Zusammenhang mit jährlich stattfindenden Märkten (u.a. in dem nahe Mekka gelegenen ʿUkāẓ) aufzusuchen pflegte. Während dieser Zeit herrschte drei Monate lang ein allgemeiner Landfrieden; in Sure 9,5 werden diese „unverletzlichen Monate" insofern vorausgesetzt, als während dieser Zeit der Kampf gegen die „Beigeseller" (*mušrik*, s.o. S. 53!) ausdrücklich verboten wird. Während der „Wallfahrt" befand sich der Pilger in einem Weihezustand (*ʾiḥrām*), in dem er seine Haare nicht schor. Dessen Beendigung symbolisierte das Scheren des Haares, das man an der Kultstätte zurückließ. Einige der hier nur kurz skizzierten Bräuche wurden später in die islamischen Riten des *ḥağğ*, der die beiden Wallfahrtsziele Mekka und ʿArafāt zusammenfaßte, integriert.

Es ist sicher nicht übertrieben, wenn man behauptet, daß zu Mohammeds Zeit die zentralarabische pagane Religion hauptsächlich in ihren Riten fortlebte und weniger in ihrem geistigen Gehalt, den Sure 45,24 in knapper Form wiedergibt:

> Sie sagen: Nichts gibt es als hienieden unser Leben:
> Wir leben und wir sterben, und nichts
> Vermag uns zu vernichten als die Zeit.

Für diese Ansicht spricht, daß die islamische Tradition von verschiedenen Gottsuchern (*ḥanīf*) zu berichten weiß, die die Religion ihrer Vorfahren aufgegeben und die Schriften der Juden und Christen studiert hatten, sich jedoch weder zum Judentum noch zum Christentum bekannten.

## Das Christentum in Arabien

Arabien lag schon früh im Blickpunkt christlicher Mission. So schreibt beispielsweise der Apostel Paulus im Galaterbrief

(1,17), daß er sich nach seiner Bekehrung in Arabien (womit wohl die Gegend südlich von Damaskus gemeint ist) aufgehalten habe. Der als Geschichtsschreiber bekannte Bischof Eusebios von Cäsarea († 339) erwähnt in seiner Kirchengeschichte einen Beryllos als „Bischof der Araber in Bostra" (dem heutigen Bosra in Syrien) und berichtet von arabischen Christen, die

> behaupteten, daß die menschliche Seele für eine Weile in der gegenwärtigen Zeit mit dem Körper in der Todesstunde sterbe und verwese, bei der Auferstehung aber mit dem Körper wieder zum Leben erwache.

Dieser Häresie sei jedoch der bekannte Kirchenvater Origenes († ca. 254) mit Erfolg entgegengetreten. Epiphanius von Salamis († 403) berichtet in seinem großen Werk über Häresien, dem sog. „Arzneikasten", von einer häretischen Marienverehrung in Arabien, die aus Thrakien und Skythien dorthin gelangt sei. Aus einem Werk des Mönches Kyrillos von Skythopolis († um 558) weiß man, daß 427 ein Bistum für die arabischen Stämme errichtet worden ist. So ist anzunehmen, daß sich das Christentum erst nach diesem Zeitpunkt im Gebiet südöstlich der zum oströmischen Reich gehörenden Provinzen Palaestina und Arabia (im heutigen Jordanien) ausgebreitet hat.

Im Koran ist mehrfach von Christen die Rede. Sie werden dort *Naṣārā* genannt. Das ist (nach der wahrscheinlichsten Erklärung) das aus der syrischen Kirchensprache übernommene Wort für „Christen" und damit zugleich ein wichtiger Hinweis darauf, daß der zentrale und südliche Bereich der arabischen Halbinsel wohl von syrischen Christen missioniert worden war. Diese Christen hatten sich aufgrund verschiedener, heute nur noch schwer verständlicher dogmatischer Streitigkeiten, die im Kampf um das richtige Verständnis der wahren Natur von Jesus Christus entstanden waren, von der byzantinischen Reichskirche abgespalten. Dabei bildeten sich vor allem zwei Richtungen heraus, die sog. Jakobiten und die Nestorianer. Die Jakobiten sind benannt nach Bischof Jakob Baradäus von Edessa († 578), der als der wichtigste Propagandist der monophysitischen Lehre in den levantinischen Bezirken des Byzantinischen Reiches wirkte und so zum eigentlichen Gründer der heute als „syrisch-orthodox“ bezeichneten westsyrischen Kirche wurde. Die Monophysiten halten an der Einheit von göttlicher und menschlicher Natur des menschgewordenen Gottessohnes Christus fest. Eine andere Position, nämlich die Unterscheidung zwischen der göttlichen und der demgegenüber stärker betonten menschlichen Natur Christi, vertrat die – heute in mehrere Gruppierungen gespaltene – „Apostolische Kirche des Ostens“, oft kurz „Nestorianische“ Kirche genannt. Dieser Name geht auf Nestorius († um 451) zurück, der von 428–31 Patriarch von Konstantinopel war; seine Lehre wurde zwar 431 von der byzantinischen Reichskirche auf dem Konzil von Ephesus verurteilt, von der Kirche des Ostens jedoch auf zwei weiteren Synoden (484, 486) angenommen.

Sowohl die westsyrische als auch die ostsyrische Kirche hatten ihre Zentren außerhalb der Grenzen des Byzantinischen Reiches. Für die Situation in Arabien war dabei von Bedeutung, daß die im arabischen Nordwesten ansässigen Ghassāniden Monophysiten waren, die im Nordosten in al-Ḥīra residierenden Lachmiden hingegen Nestorianer, die vor allem im Sassanidenreich – trotz mancher Unterdrückung und Verfolgung – ihr Zentrum hatten (Patriarchat in Seleukia, seit dem 8. Jh. in Bagdad).

Die Missionsbestrebungen der syrischen Christen auf der arabischen Halbinsel folgten im wesentlichen zwei Wegen: Der eine führte von Mesopotamien aus entlang des Persischen Golfs und der Küste des Indischen Ozeans in den Jemen, der andere folgte der Weihrauchstraße von Gaza in Richtung Süden. Um 500 gab es nicht nur auf der dem Jemen vorgelagerten Insel Soqotra Christen, sondern auch in Südarabien selbst. Christliche Gemeinden sind in mehreren Städten bezeugt, so z.B. in Ẓafār und Ṣanʿāʾ sowie in Naǧrān, dem Sitz eines monophysitischen Bischofs. Aus verschiedenen literarischen Quellen weiß man von den dort erbauten Kirchen, vor allem von der berühmten *qalīs* (der Name leitet sich von griech. *ekklesia* „Kirche“ ab) in Ṣanʿāʾ. Aber auch in der erst vor wenigen Jahren ausgegrabenen Stadt Qaryat al-Fauʾ (am Verbindungsweg von Nağrān an den Persischen Golf) ist man auf Kirchenbauten gestoßen. Im südlichen Teil Arabiens gewann das Monophysitentum durch die Nähe Äthiopiens zusätzlichen Einfluß. Die islamische Überlieferung betont, daß gerade das christliche Äthiopien ein erster Zufluchtsort für die unterdrückten Anhänger Mohammeds war (s. u. S. 84).

Aus dem Koran kann man auf eine weitere wichtige christliche Gruppierung schließen, die es zu Mohammeds Zeit in Arabien noch gegeben haben muß; dies waren die sog. Judenchristen, die man seit dem Kirchenvater Irenäus († vor 200) meist als „Ebioniten" (von hebr. *ebjon* „arm", als Bezeichnung für jüdische Fromme gebraucht) bezeichnet. Die Gemeinsamkeiten zwischen Islam und Judenchristentum betreffen nicht nur bestimmte Speise- und Waschungsvorschriften oder die Erwartung eines „neuen Moses", sondern vor allem die wichtige Auffassung, daß Jesus „nur" ein Prophet ist.

In diesem Zusammenhang ist noch auf die „Sabier" zu verweisen, die in Sure 22,17 (vgl. oben S. 52) in engstem Zusammenhang mit Judentum und Christentum erwähnt werden. In einigen alten und zuverlässigen Ḥadīthen wird berichtet, daß Mohammed selbst und der zweite Kalif ʿUmar Ibn al-Chaṭṭāb von den *mušrikūn* als „Sabier" (*ṣābi'ūn*) bezeichnet wurden; weitere Belege bei Ibn Hišām und aṭ-Ṭabarī legen den zwingenden Schluß nahe, daß „Sabier", wie Wellhausen schreibt, „der älteste Name der muslimischen Gemeinde im Munde der Heiden war". Diese vor- bzw. urmuslimischen „Sabier" sind jedoch weniger mit der südirakischen Täufersekte der Mandäer in Verbindung zu bringen, sondern eher mit der judenchristlich-synkretistischen Sekte der sog. „Elkesaiten", die sich selber als „Sobiai" („die sich Waschenden") bezeichneten. Möglicherweise waren die rituellen Waschungen, die es ja bis heute im Islam gibt, der Grund bzw. der Anknüpfungspunkt für die Bezeichnung „Sabier". Auch die Konzeption eines vom Himmel herabgekommenen Buches, auf das sich der Begründer der Elkesaiten, der um 110–115 bezeugte Elchasai (oder Elxai), beruft, weist deutliche Parallelen zum islamischen Verständnis des Korans auf.

## Das Judentum

Eine jüdische Präsenz auf der arabischen Halbinsel ist schon in vorchristlicher Zeit anzunehmen, und zwar als Folge der Zerstreuung des jüdischen Volkes nach der Eroberung Jerusalems (586 v. Chr.) durch den babylonischen König Nebukadnezar (reg. 604–562 v. Chr.). Nach der zweiten Zerstörung Jerusalems durch die Römer im Jahr 70 n. Chr. bzw. nach dem Bar-Kochba-Aufstand 132–135 n. Chr. kam es erneut und in verstärktem Maße zu jüdischen Ansiedlungen, vor allem im Nordwesten Arabiens. Beispiele dafür sind die Oasen Taimā', Dēdān und Chaibar. Am meisten weiß die islamische Überlieferung über die Juden zu berichten, die sich in der Oase Medina (*al-Madīna*, d.h. „die Stadt"; später gedeutet als „die Stadt des Propheten") niedergelassen hatten; die ursprüngliche Bezeichnung Medinas, Yathrib, wird sogar an einer Stelle im Koran (Sure 33,13) ausdrücklich genannt. Auf das hohe Alter von Yathrib kann man daraus schließen, daß es auf minäischen Inschriften als „Ythrb" erscheint und daß der römische Geograph Claudius Ptolemäus († um 170) es als „Yathrippa" nennt. Bis kurz vor der Übersiedlung Mohammeds nach Medina im Jahr 622 soll Yathrib mehrheitlich von jüdischen Stämmen (in der *Sīra* werden die drei Stämme der Qainuqā', Naḍīr und Quraiẓa genannt) bewohnt gewesen sein, ehe die beiden nichtjüdischen Stämme der Aus und Chazradsch (zusammenfassend als Banū Qaila bezeichnet) die Oberhand gewannen, von denen es heißt, sie seien nach dem letzten Dammbruch von Mārib aus Südarabien eingewandert.

Aber auch in anderen Orten des Hedschas kann man eine mehr oder wenige starke jüdische Präsenz zur Zeit Mohammeds annehmen. Das betrifft Mohammeds Geburtsstadt Mekka genauso wie das unweit Mekkas gelegene aṭ-Ṭā'if. Für Mekka ist das Vorhandensein von Juden schon deshalb anzunehmen, weil in den dort offenbarten Teilen des Korans des öfteren von den Juden (*al-Yahūd*) bzw. den Israeliten (*Banū Isrā'īl*) die Rede ist; vor allem aber, weil sich in den Geschichten über Gestalten wie Noah, Abraham, Josef oder Salomo bereits viele Züge finden lassen, die auf die Kenntnis jüdischer Quellen verweisen. Für aṭ-Ṭā'if weiß der islamische Historiker al-Balāḏurī (st. um 890) in seinem Buch „Die Eroberung der Länder" (*Kitāb futūḥ al-buldān*) zu berichten, daß es dort in einem der Stadtbezirke Juden gab, die sich nach ihrer Vertreibung aus Yathrib und dem Jemen im Handel betätigten. Bereits vor der Regierungszeit des südarabischen jüdischen Herrschers Dhū Nuwās muß es Juden in Südarabien gegeben haben, ohne daß man Genaueres über deren Herkunft weiß. Sicher ist allerdings, daß während der gesamten islamischen Zeit im Jemen zahlreiche Juden lebten, bis zu deren Übersiedlung nach Israel in den Jahren 1948–50.

Für die Kenntnis der Religion der Juden im vorislamischen Arabien ist im Grunde genommen der Koran die einzige sichere Quelle. Gerade in den Suren, die in Medina geoffenbart wurden, finden sich zahlreiche Bezüge auf jüdische Traditionen ebenso wie kritische Auseinandersetzungen (vgl. z.B. Sure 2, 40ff.; 5, 12ff., 41ff.). So weist z.B. das islamische rituelle Gebet (*ṣalāt*, entlehnt aus dem gleichbedeutenden jüdisch-aramäischen Wort *ṣelōtā*) zahlreiche Parallelen zur jüdischen Gebetspraxis auf. In Sure 2,142ff. wird angeordnet, daß man beim rituellen Gebet eine neue Richtung (*qibla*), nämlich die zur Kaaba in Mekka, einnehmen solle; obwohl die „frühere *qibla*" in diesem Vers nicht ausdrücklich genannt ist, kann man aus Texten der islamischen Tradition mit ziemlicher Sicherheit nachweisen, daß die ursprüngliche Gebetsrichtung Jerusalem war, so wie es sich für das Judentum aus Texten wie 1. Könige 8,44 und 48 sowie Daniel 6,11 zeigen läßt.

Mehrfach ist im Koran von „Rabbinern" (pl. *rabbāniyyūn*) und „Gelehrten" (pl. *'aḥbār*) die Rede (Sure 3,79; Sure 5,44.63; Sure 9,31.34). Im Korankommentar von al-Baiḍāwī (st. nach 1286) heißt es zu Sure 2,97, daß der zweite Kalif ʿUmar das „Lehrhaus (*bait midrās*) der Juden" aufsuchte, um dort Auskunft über den in diesem Vers erwähnten Engel Gabriel einzuholen. In zahlreichen Geschichten, die in der Prophetentradition berichtet werden, ist von jüdischen Gelehrten als Diskussionspartnern Mohammeds die Rede, und man fühlt sich dabei gelegentlich an die Rolle erinnert, welche die Pharisäer als stereotyp gezeichnete Gegner Jesu in den Evangelien einnehmen.

Ein weiteres Indiz für die starke Präsenz der Juden zumal in Medina sind die zahlreichen namentlich genannten Konvertiten. Wohl der berühmteste von ihnen ist ʿAbdallāh Ibn Salām (st. 663/4), dessen ursprünglicher Name Ḥusain war. Erst nach seiner Bekehrung zum Islam gab Mohammed ihm den neuen Namen ʿAbdallāh, „Diener Gottes". Die spätere islamische Tradition verbindet mit dessen Namen ein Buch mit Fragen, auf die Mohammed stets zu antworten wußte. Diese „Fragen des ʿAbdallāh Ibn Salām" (*Masāʾil ʿAbdallāh Ibn Salām*) wurden so populär, daß es z.B. auch eine türkische und persische, ja sogar eine malaiische Fassung gibt; auch außerhalb der islamischen Welt fand das kleine Werk Verbreitung, da es zusammen mit dem Koran im Jahr 1143 ins Lateinische und später auch in zahlreiche europäische Volkssprachen (z.B. Portugiesisch, Holländisch, Italienisch und Deutsch) übersetzt wurde. Ein anderer prominenter Konvertit war der Jemenit Kaʿb al-Aḥbār (wie der Name sagt, einer der „Gelehrten"), der sich um 638 zum Islam bekehrte. Er wurde später zu einer vielzitierten Autorität für die sog. *Isrāʾīliyyāt*, d.h. für Fragen, die im weitesten Sinne mit dem Judentum zu tun hatten, und zwar vor allem im Zusammenhang mit den für dieses Thema bedeutsamen Koranstellen. Der umfangreiche Korankommentar von aṭ-Ṭabarī (s.o. S. 43) enthält eine Fülle von *Isrāʾīliyyāt*, und mit der gebührenden Vorsicht (nicht alle Berichte müssen authentisch sein!) kann man aus ihnen einiges über die Juden und das jüdische Leben im vorislamischen Arabien erfahren.

## Zur sozialen Struktur der altarabischen Gesellschaft

Um die Botschaft Mohammeds zu verstehen, ist es notwendig, neben den spezifisch religiösen Faktoren auch das damalige soziale Umfeld zu betrachten. Ein wichtiges, durch die Geschichte hindurch bis heute konstantes Kennzeichen nahöstlicher Gesellschaften ist der Gegensatz zwischen Seßhaften (*ḥaḍar*) und Nomaden (*badw*). Unter „Gegensatz" ist dabei nicht unbedingt ein rigides „Gegeneinander“ zu verstehen, sondern eher ein von permanenten Spannungen begleitetes „Miteinander“ bzw. „Aufeinander-Angewiesensein“. Ein weiteres, nicht weniger dauerhaftes Merkmal ist die Stammesstruktur, die sowohl für Seßhafte wie für Beduinen von prägender Bedeutung ist. Der Islam, wie er von Mohammed verkündet wurde, stellt mit seinem Gleichheitsideal jedenfalls den Versuch dar, die von Stammesdenken bestimmten, sog. tribalen Strukturen der altarabischen Gesellschaft zu überwinden. Insofern bildet die Stammesstruktur gewissermaßen einen Gegenpol zu den vereinheitlichenden Tendenzen, die sowohl der Idee des Staates als auch der Religion innewohnen.

Was ist nun kennzeichnend für die Stammesgesellschaft, was sind die charakteristischen Merkmale eines Stammes? Die kleinste Einheit des Stammes (*qabīla*) ist die patriarchal organisierte Familie, die ihrerseits Bestandteil größerer Einheiten wie Sippen (oder Clans) und Stämmen ist; allen gemeinsam ist ein oftmals fiktiver Ahnherr. Die gemeinsame Abstammung (*nasab*) begründet also das Zusammengehörigkeitsgefühl (*ʿaṣabīya*) der jeweiligen Gruppe. Die Gemeinschaft steht insgesamt für den einzelnen ein. Sie schützt ihn ebenso vor jeder Art Verletzung, die von außen kommt, wie sie andererseits die Verantwortung für den Schaden übernimmt, den eines ihrer Mitglieder anrichtet. Die Mitglieder eines Stammes sind untereinander gleichwertig. Dem gewählten Anführer des Stammes, dem Scheich (*šaiḫ*, eigtl. „Ältester“) bzw. Emir (*ʾamīr*, eigtl. „Befehlshaber“) obliegen vor allem die Schlichtung von Streitigkeiten, die Hilfe für notleidende Stammesmitglieder und die Vertretung des Stammes nach außen, z.B. im Rahmen der Bündnispolitik oder der Erklärung des Kriegszustandes. Raubzüge (*ġazwa*, pl. *ġazawāt* oder *maġāzī*) galten als legal und dienten in erster Linie dem Erwerb von Kamelen. Mehrere Stämme konnten untereinander Stammesverbände bilden.

Für die Ausbildung der Stammesidentität waren Dichter (*šāʿir*) als von Geistern (*ǧinn*) inspirierte Sprecher des Stammes von großer Bedeutung. Sie begleiteten z.B. die Krieger auf den

Raubzügen, priesen in Lobgedichten (*madḥ*) die Heldentaten der Krieger und verfaßten Spott- und Schmähgedichte (*hiǧā'*) auf gegnerische Stämme oder Personen. Die erhaltene vorislamische Stammesdichtung ist in einer sehr kunstvollen Form des Altarabischen verfaßt, die stammesübergreifend verstanden wurde und mit der auch Mohammed bestens vertraut war. Es ist jedoch interessant, daß im Koran an mehreren Stellen (z. B. Sure 37,36) ausdrücklich die Ansicht zurückgewiesen wird, Mohammed selber sei ein „Dichter" (vgl. *Der Koran*, S. 45 f.). Trotzdem lebte die Tradition weiter, und so gab es auch in der medinensischen Wirkungsepoche Dichter, welche Mohammed und seine gegen die Mekkaner gerichteten Feldzüge in Lobgedichten priesen, wie der Dichter Ḥassān Ibn Thābit (st. um 660) oder der berühmte Ka'b Ibn Zuhair (Todesdatum unbekannt), der vom erbitterten Gegner Mohammeds zu seinem Anhänger wurde. Ka'b trug im Jahr 631 auf einem Gebetsplatz Medinas in Anwesenheit Mohammeds ein langes Gedicht (*qaṣīda*) vor, das zu den bekanntesten der altarabischen Dichtung gehört; in diesem Gedicht erbittet Ka'b Mohammeds Verzeihung für seine Schmähungen und rühmt gleichzeitig den Gesandten und seinen Stamm Quraiš u. a. mit den folgenden Versen (Übersetzung: F. Rückert):

Ein Schwert ist der Gesandt', ein uns zum Licht geschicktes,
von Gottes Schwertern ein gestähltes, ein gezücktes,
Bei Männern von Koreisch, wo einer sprach im Tal
von Mekka: Gläubige! nun wandert aus zumal!
Da wanderten sie aus, nicht wanderten untüchtige,
im Sattel wankende, im Kampf entblößte, flüchtige ...

In den Erläuterungen zu diesem Gedicht heißt es, daß der Prophet, als er das hörte, seinen gestreiften jemenitischen Mantel (*burda*) von der Schulter nahm, ihn Ka'b umhängte und ihm verzieh. Nach dem Vorbild dieses Gedichtes, der sog. „Burda", sind in der Folgezeit zahlreiche andere zum Lob des Propheten gedichtet worden. Welche magische Bedeutung gerade der Schmähdichtung zugeschrieben wurde, ist daran erkennbar, daß Mohammed den ihm feindlich gesonnenen jüdischen Dichter Ka'b Ibn al-Ašraf im Jahr 624 in Medina beseitigen ließ.

## Mekka – Mohammeds Geburtsstadt

Mohammed ist in Mekka geboren, das damals eine bedeutende Handelsstadt war. Bei Ptolemäus (2. Jh.) erscheint die Stadt als „Makoraba", und das könnte man mit dem südarabischen Wort für „Heiligtum, Tempel" *mkrb* (die genaue Aussprache ist unbekannt) in Verbindung bringen und zugleich als möglichen Hinweis auf das Alter des Heiligtums verstehen. Auch wenn Mekka nicht direkt an der sog. Weihrauchstraße lag, die vom Ḥaḍramaut in Richtung Norden nach Gaza führte (und zwar stets am Rande der Wüste entlang), so war sie offenbar gleichwohl ein wichtiger Handelsplatz. Die mekkanischen Kaufleute waren für die Ausrüstung ihrer Karawanen auf die Beduinen angewiesen, die ihren Lebensunterhalt einerseits durch die Aufzucht von Kamelen und Kleinvieh (Schafe und Ziegen) bestritten, andererseits durch die Begleitung und den Schutz von Karawanen. Die Beduinen wiederum waren wirtschaftlich niemals autark; für bestimmte Produkte waren sie zum einen auf die wirtschaftlichen Erträge in den Oasen bzw. den landwirtschaftlich nutzbaren Flächen des Fruchtbaren Halbmonds und des Jemen angewiesen, zum anderen aber auch auf Tauschobjekte wie Metallwaren, welche nur die Kaufleute in den Städten beschaffen konnten. Charakteristisch für die beduinische Lebensweise ist weiterhin der saisonale Weidewechsel, der mit größeren Wanderungsbewegungen zwischen Wüste und Weideland verbunden ist.

Die Stämme mit ihrer sozialen Struktur waren freilich nicht auf die Beduinen allein beschränkt, sondern stellten, jedenfalls im Hedschāz, die auch für Seßhafte übliche soziale Organisationsform dar. So wurde die Stadt Mekka zur Zeit Mohammeds vom Stamm der Quraiš beherrscht, der sich in mehrere Untergruppen wie die Banū Hāšim (denen Mohammed entstammte) oder die ʿAbd Šams, die Maḫzūm usw. aufgliederte. Das wichtigste Leitungsorgan war die sog. „Ratsversammlung" (*malaʾ*), auf die mehrfach im Koran angespielt wird. An der politischen Führung hatten bestimmte andere unterprivilegierte Gruppen keinen Anteil; hierzu gehörten u. a. die Sklaven, aus anderen Stämmen Verstoßene und Fremde. Gerade unter diesen Gruppen, den sog. „Schwachen" (*mustaḍʿafūn*), wie sie im Koran genannt werden, zu denen auch Arme und Bettler zu zählen sind, sollte Mohammed später seine ersten Anhänger finden.

Die Herrschaft der Quraiš über Mekka wird in den einschlägigen Quellen auf einen der Ahnherren Mohammeds, Quṣaiy Ibn Kilāb, zurückgeführt. Er habe die Aufsicht über das damals unbesiedelte Heiligtum erlangt, den Stamm Quraiš überhaupt erst vereinigt und durch Vertreibung anderer Stämme wie der Bakr und der Ḫuzāʿa dessen Herrschaft über Mekka gesichert. Hierbei spielte das Heiligtum in Mekka, die Kaaba, eine wichtige Rolle. Vielleicht bot dieses Heiligtum zusammen mit der nahegelegenen Wallfahrtsstätte in ʿArafāt (s.o. S. 55) auch den Anlaß dafür, daß sich die Quraiš im Handel engagierten, zunächst mit den Besuchern der Wallfahrt, um dann auch größere Karawanen im Fernhandel zu organisieren, wie es Sure 106 „Quraiš" andeutet:

> [1] Für die Vereinigung der Quraiš, –
> [2] Für ihre Vereinigung der Winter- und der Sommerkarawane!
> [3] Auf daß sie dienen dem Herren dieses Hauses,
> [4] Der sie gespeist vor Hunger hat,
> Und sicher gemacht vor Furcht.

Nach dem bisher Gesagten dürfte es einleuchten, daß man sich Mekka unter ganz verschiedenen Gesichtspunkten – religiösen wie sozialen – als eine „Stadt im Umbruch" vorstellen kann. Aufgrund der komplizierten Quellenlage läßt sich kaum ein genaueres Bild zeichnen. Denn die Muslime bezeichneten ja die Zeit vor dem Islam als die der „Unwissenheit" (*ǧāhiliyya*), und nur weniges aus dieser Zeit, wie etwa die arabische Sprache und Dichtung, die man zur Erläuterung des Korans benötigte, war es wert, weiter studiert und bewahrt zu werden. Das Wissen über die vorislamische Religion hingegen gehörte nicht zu den unbedingt wissenswerten Dingen ...

# 5. Historie und Legende: Hauptthemen der islamischen Mohammedbiographie

## Herkunft und Eltern

Genauso wie das Matthäusevangelium (1,1) mit der Abstammung Jesu beginnt, so leitet auch Ibn Isḥāq seine *Sīra* mit dem Stammbaum Mohammeds ein. In beiden Genealogien kommt Abraham eine besondere Rolle zu. Während Jesus als Abkömmling von König David dargestellt wird, dessen Abstammung wiederum auf Abraham zurückgeht, reicht Mohammeds Stammbaum (vgl. Umschlaginnenseite hinten) über Ismael (Ismāʿīl) zu dessen Vater Abraham (Ibrāhīm), der den Ehrennamen „Freund Gottes" (*ḫalīl allāh*) trägt, zurück; Abrahams Abstammung wird jedoch noch weiter bis zu Adam zurückverfolgt. Damit könnte man Mohammeds Genealogie als den Versuch deuten, den arabischen Propheten in die jüdisch-christliche Prophetentradition einzuordnen. Wie wichtig die Abstammung war, kann man daraus ersehen, mit welchem Satz Ibn Hišām seine genealogischen Erörterungen beschließt:

> Also ist der Gesandte Gottes der edelste und vorzüglichste der Adamssöhne im Hinblick auf seine Abkunft, – sowohl von der Seite des Vaters wie der Mutter.

Der Vater Mohammeds war der jüngste und liebste von zehn Söhnen des ʿAbd al-Muṭṭalib und trug den Namen ʿAbdallāh (dt. „Knecht Gottes"). Sein Bild bleibt in den Quellen allerdings blaß, denn er starb, wie Ibn Isḥāq schreibt, noch vor der Geburt Mohammeds. Mohammeds Mutter hieß Āmina. Sie war die Tochter von Wahb aus der Sippe Zuhra, und nach den Worten von Ibn Isḥāq

> war sie damals die edelste Frau der Quraiš nach Abkunft und Rang.

Als sie mit Mohammed schwanger war, heißt es bei Ibn Isḥāq weiter,

> hörte sie eine Stimme sagen: Du bist schwanger mit dem Herrn dieses Volkes [*umma*], und wenn er zur Welt gekommen ist, so sage: Ich nehme meine Zuflucht bei dem Einen vor dem Übel eines jeden Neiders! Und dann nenne ihn Mohammed!

Der Name Mohammed (*muḥammad*) bedeutet „hochgepriesen" oder „einer der hoch gepriesen werden wird". In dieser Namengebung ist der Wunsch nach einem guten Vorzeichen ausgedrückt. Das war ein bekanntes Motiv bei der Namengebung im alten Arabien. Schon in vorislamischer Zeit ist dieser Name belegt, er ist daher nicht, wie gelegentlich behauptet wird, als eine Art Titel aufzufassen. Bei Ibn Isḥāq heißt es dann weiter:

> Als Āmina mit ihm schwanger war, sah sie ein Licht von sich ausgehen, so daß sie die Schlösser von Bosra in Syrien sah.

Dieses hier nicht näher ausgemalte Lichtwunder – zwischen Mekka und Bosra liegen mehr als 1000 Kilometer! – ist ein früher Beleg für die später in der volkstümlichen Prophetenverehrung und in der Mystik weiterentwickelte Anschauung vom „Licht des Prophetentums", das schon während der Schwangerschaft sichtbar wurde. Auch Mohammeds Vater ʿAbdallāh soll, wie Ibn Isḥāq zu berichten weiß, etwas von diesem Licht in seinen Augen gehabt haben, bevor er Āmina heiratete.

## Geburt und Kindheit

Weder das Jahr noch der Tag von Mohammeds Geburt sind genau bekannt. Wenn man das Geburtsjahr des Propheten in der islamischen Überlieferung häufig mit dem „Jahr des Elefanten" gleichsetzte, so geschah das, um dieses wichtige Ereignis mit einem anderen, besonders markanten und in der Erinnerung lebendigen Jahr in Verbindung zu bringen, so wie das übrigens für Jesu Geburtsjahr (vgl. Lukas 2,1 f.) auch gilt. Sichere Daten für die annäherungsweise Berechnung des Geburtsjahres von Mohammed sind seine Auswanderung (*hiǧra*) nach Medina im Jahr 622 (wegen ihrer Bedeutung zugleich das Jahr 1 der islamischen Zeitrechnung!) und sein Todesjahr 632. Auf das Geburtsjahr kommt man durch die weitere Kombination mit verschiedenen Zeitangaben oder den Datierungen wichtiger Ereignisse, wie z.B. dem Berufungserlebnis bzw. der „Sendung“ (*mabʿaṯ*), wie es in islamischen Quellen genannt wird. Im Koran heißt es in Sure 10,16:

> Sprich: Hätt’ es Gott gewollt, so hätte
> ich euch nicht vorgetragen den Koran,
> und nicht hätt’ Er ihn euch gelehrt;
> ich lebte davor unter euch ein Lebensalter, –
> wollt ihr denn nicht einsichtig sein?

Man kann diesen Vers so deuten, daß zwischen der Geburt Mohammeds und dem ersten Vortrag der ihm geoffenbarten Korantexte ein „Lebensalter“ (*ʿumr*) lag. Die meisten Korankommentatoren verstehen unter einem Lebensalter „vierzig Jahre“, und entsprechend beginnt der Bericht über Mohammeds Sendung bei Ibn Isḥāq:

> Als Mohammed, der Gesandte Gottes, vierzig Jahre alt geworden war, sandte ihn Gott, aus Barmherzigkeit für die Menschheit, und für die Menschen insgesamt.

Die Zahl vierzig ist übrigens gerade im Vorderen Orient als „heilige“ Zahl verbreitet; besonders bekannte Beispiele sind die vierzig Tage, die Mose auf dem Berg und Jesus in der Wüste zubrachten.

Sowohl Ibn Isḥāq als auch aṭ-Ṭabarī zitieren ein Gedicht des christlichen, später zum Islam konvertierten Dichters Abū Qais Ṣirma Ibn Abī Anas, in dem er Mohammeds Wirken als Prophet in Mekka beschreibt; der erste Vers lautet:

> Er weilte unter den Quraiš, mehr wohl als zehn Jahre
> und predigte, ob sich wohl einer zu ihm schare .

Aus der hier genannten ungefähren Dauer – etwas mehr als zehn Jahre – könnte man für die Berufung eines der Jahre zwischen etwa 609 und 612 annehmen. Rechnet man davon vierzig Jahre ab, ergibt sich als Geburtsdatum ein Jahr zwischen 569 und 572. Wenn man nun das „Jahr des Elefanten“, nämlich 547, mit der oben S. 41 mitgeteilten Nachricht von Ibn al-Kalbī, Mohammed sei „23 Jahre nach dem Jahr des Elefanten“ geboren, kombiniert, kommt man auf das Jahr 570.

Als Mohammed geboren wurde, brachte ihn sein Großvater ʿAbd al-Muṭṭalib, wie Ibn Isḥāq zu berichten weiß, zur Kaaba und dankte Gott. Danach machte er sich, wie es im alten Arabien üblich war, auf die Suche nach einer Amme. Die Wahl fiel auf eine Frau namens Ḥalīma vom Stamm der Saʿd Ibn Bakr. Wie andere Ammen auch hatte sie Mohammed zunächst nicht annehmen wollen, da er Halbwaise war und der Ammenlohn daher nicht gesichert erschien. Als sie ihn dann doch nahm, habe er ihr, in einem Jahr der Not und der Dürre, überall nur Segen gebracht. In Mohammeds Zeit bei den beduinischen Saʿd Ibn Bakr fällt eine denkwürdige Episode, die Ibn Isḥāq in mehreren Versionen erzählt, von denen hier eine kürzere vorgestellt werden soll; sie geht auf einen Eigenbericht Mohammeds zurück:

> Ich wurde bei einer Amme des Stammes Saʿd Ibn Bakr gestillt; als ich mit einem Jungen, der zusamen mit mir gestillt wurde, hinter dem Zelt die Schafe hütete, da kamen zwei Männer mit weißen Gewändern und mit einem Gefäß aus Gold, das mit Schnee gefüllt war, auf uns zu; sie packten mich, spalteten meinen Leib, nahmen mein Herz heraus, öffneten es und zogen aus ihm einen schwarzen Klumpen heraus, den sie beiseite warfen; dann wuschen sie mein Herz und meinen Leib mit dem Schnee, bis sie mich ganz gereinigt hatten.

Die hier geschilderte Herzwäsche Mohammeds kann als eine Art Initiationshandlung für sein Prophetentum verstanden werden. In anderen Versionen der islamischen Überlieferung wird sie mit der sog. Himmelsreise in Zusammenhang gebracht. Mit der hier geschilderten Geschichte verbunden ist die Auffassung von der „Sündlosigkeit" (*ʿiṣma*) Mohammeds. Mohammeds Mutter Āmina starb, so berichtet Ibn Isḥāq, als Mohammed sechs Jahre alt war, und er kam dann in die Obhut seines beim Stamme Quraiš hochangesehenen Großvaters ʿAbd al-Muṭṭalib. Dieser hatte einst im Traum den Befehl erhalten, den segenspendenden Brunnen Zamzam an der Kaaba auszugraben, und hatte später das Amt, die Pilger mit Essen und Trinken zu versorgen. Nach ʿAbd al-Muṭṭalibs Tod – Mohammed war damals, wie Ibn Isḥāq berichtet, gerade acht Jahre alt – nahm sich Mohammeds Onkel Abū Ṭālib seiner an. Er gewann überragende Bedeutung für Mohammed, auch wenn er kein Anhänger seiner Botschaft werden sollte. So wie ihn die Quellen zeichnen, war er das Muster altarabischen Edelmuts, der seinem Neffen gegenüber fast bis zur Selbstentäußerung loyal blieb.

## Die Begegnung mit dem Mönch

Abū Ṭālib, so wird in verschiedenen arabischen Quellen nahezu einhellig, aber mit einigen Varianten im Detail berichtet, nahm Mohammed mit auf eine seiner gewohnten Handelsreisen nach Syrien. In der südsyrischen Stadt Bosra lebte ein in den Schriften der Christen bewanderter Mönch, der sich normalerweise nicht um die vorbeiziehenden Karawanen kümmerte. Diesmal aber lud Baḥīrā, so wird sein Name angegeben, die Leute der mekkanischen Karawane zu einem Gastmahl ein, denn, so schreibt Ibn Isḥāq,

> er hatte, als die Karawane herannahte, von seiner Klause aus gesehen, wie eine Wolke den Gesandten Gottes inmitten der Leute beschattete, und als die Karawane herankam und unter einem nahen Baum lagerte, daß die Wolke den Baum beschattete und sich die Zweige des Baumes so über den Gesandten Gottes bogen, daß er darunter Schatten fand.

Die Quraišiten leisteten der Einladung des Einsiedlers Folge, ließen aber Mohammed als Jüngsten am Baum bei der Karawane zurück. Erst auf Baḥīrās Nachfrage wurde er gebracht:

> Da musterte Baḥīrā ihn ganz genau und achtete dabei auf die besonderen körperlichen Merkmale, die er in der Beschreibung über ihn gefunden hatte.

Bei diesem Text wird vorausgesetzt, daß die – hier nur sehr unbestimmt angedeuteten – Schriften, die Baḥīrā gelesen hat, eine genaue Beschreibung des vorhergesagten Propheten enthalten. Um sich völlig zu vergewissern, bittet Baḥīrā Mohammed noch, ihm einige Fragen zu beantworten:

> Der erwiderte: Frage mich, was dir gut dünkt! Und er begann, ihn nach seinen Träumen, nach seiner körperlichen Beschaffenheit und anderen Dingen auszufragen, – und alles stimmte mit dem überein, was Baḥīrā über ihn aus seiner Beschreibung wußte. Schließlich schaute er auf seinen Rücken und sah dort zwischen den Schulterblättern „das Siegel des Prophetentums" (*ḫātam an-nubūwa*).

Mohammed wird im Koran in Sure 33,40 als „Siegel der Propheten" (*ḫātam an-nabīyīn*) bezeichnet, und mit „Siegel" ist dort – in übertragenem Sinne – entweder die Bestätigung der Reihe der früheren Propheten oder aber deren Abschluß durch Mohammed gemeint. Bei Ibn Isḥāq wird „Siegel" jedoch ganz wörtlich verstanden, wie man auch an der von Ibn Hišām hinzugefügten Anmerkung erkennen kann: „Es sah aus wie das Mal eines Schröpfkopfes."

Baḥīrā wendet sich dann an Abū Ṭālib und ermahnt ihn, seinen Neffen vor den Nachstellungen der Juden (aṭ-Ṭabarī spricht in seinem Bericht von den Byzantinern!) zu schützen und schnell mit ihm in die Heimat zurückzukehren. Der Sinn dieser Geschichte ist klar: Mohammed ist der in den Büchern der Christen vorhergesagte Prophet!

Es gehörte schon sehr früh zu den immer wieder von christlichen Theologen vorgebrachten Einwänden gegen den Islam, daß sich in der Bibel keine „Vorhersage" für Mohammed finde. Diesen Einwand versucht die Geschichte der Begegnung mit einem christlichen Mönch zu entkräften. Kurz vor dem Bericht von Mohammeds Berufung zitiert Ibn Isḥāq zudem aus einem älteren syrischen Lektionar einen Text aus dem Johannesevangelium (Kap. 15, 23–16,1). In dem dort (15,26) erwähnten „Tröster" oder „Beistand", den Jesus von Gott senden wird, sieht Ibn Isḥāq eine Voraussage auf Mohammed.

Ibn Isḥāq berichtet darüber hinaus aber auch von arabischen Orakelpriestern (*kāhin*), die Vorauswissen über Mohammed besaßen. Besonderen Raum nehmen jedoch die Stellen ein, an denen von der Hoffnung der damals in Arabien lebenden Juden auf einen Propheten die Rede ist. Ibn Isḥāq bezieht sich dabei unter anderem auf eine Überlieferung eines seiner Lehrer:

> ʿĀṣim Ibn ʿUmar Ibn Qatāda hat mir von einigen Männern aus seinem Stamm berichtet: Was uns neben der Barmherzigkeit Gottes und seiner Leitung zum Islam gebracht hat, ist das, was wir von den Juden gehört haben ... Zwischen uns gab es andauernd Kämpfe, und wenn wir ihnen etwas Übles antaten, sprachen sie zu uns: Die Zeit ist jetzt nahe, daß ein Prophet gesandt wird, mit dessen Hilfe wir euch töten werden so wie ʿĀd und Iram [vgl. Sure 89,7]. Das hörten wir oft von ihnen. Als Gott nun seinen Gesandten (Friede sei mit ihm) aussandte, da gehorch-

ten wir seinem Ruf zu Gott und erkannten, womit sie uns einst gedroht hatten, und wandten uns noch vor ihnen ihm zu und glaubten ihm, während sie ihm nicht glaubten, so daß Sure 2, Vers 89 offenbart wurde.

Der Koranvers, auf den dieser Abschnitt zuläuft, steht in einem Abschnitt, der direkt die Juden anspricht (Sure 2,89):

Und als zu ihnen kam ein Buch von Gott,
Bestätigend das, was bereits bei ihnen war.
– Und vorher hatten sie gebeten um Beistand gegen die Verleugner! –
Und als nun kam zu ihnen, was sie wußten,
Verleugneten sie es! Fluch Gottes über die Verleugner!

## Die Ehe mit Chadīdscha

Neben Abū Ṭālib ist Chadīdscha (Ḫadīǧa) die Person, der die islamische Überlieferung für die frühe Phase von Mohammeds Prophetentum überragende Bedeutung beimißt. Sie war die Tochter des Ḫuwailid aus dem quraišitischen Clan der Asad. Vor ihrer Verbindung mit Mohammed war sie zweimal verheiratet. Ob sie gleichzeitig mit beiden Männern verheiratet war, wird aus den Quellen nicht ganz klar; man kann jedoch erkennen, daß es im vorislamischen Arabien aufgrund einer stärkeren sozialen Stellung der Frau Formen der Polyandrie gegeben hat, die dann unter dem Einfluß des Islam aufgegeben wurden, so daß Frauen nur noch mit einem Mann gleichzeitig verheiratet sein konnten.

Chadīdscha verfügte offenbar über eigenes Vermögen und war so in der Lage, Handel zu treiben und Karawanen auszurüsten. In ihrem Auftrag, so heißt es, führte der damals etwa fünfundzwanzigjährige Mohammed eine Karawane nach Syrien und kehrte erfolgreich nach Mekka zurück. Darauf heiratete Chadīdscha Mohammed. Von den aus dieser Ehe hervorgegangenen vier Töchtern mit Namen Zainab, Umm Kulthūm, Fāṭima und Ruqayya sollte Fāṭima die größte Bedeutung zukommen: Sie heiratete später Abū Ṭālibs Sohn ʿAlī und wurde so zur vielverehrten Ahnherrin der schiitischen Imame. Umstritten ist, ob Mohammed nur einen oder zwei Söhne von Chadīdscha bekam; jedenfalls überlebte keiner das

Kindesalter. Nach dem älteren dieser Söhne wird Mohammed häufig mit dem Ehrennamen (*kunya*) „Abū l-Qāsim" („Vater des Qāsim") genannt.

Die Bedeutung von Chadīdscha für Mohammeds Leben muß, wie alle Quellen es schildern, überragend gewesen sein. Nach ihrer Bekehrung zum Islam heißt es bei Ibn Isḥāq:

> Durch sie erleichterte Gott seinem Gesandten die Last; wenn er böse Entgegnungen oder den Vorwurf, ein Lügner zu sein, hörte, und ihn das betrübte, so war es Chadīdscha, die ihn bei seiner Rückkehr tröstete, die ihm wieder Kraft zusprach, die ihm seine Last erleichterte, die ihm Glauben schenkte und die ihn dazu brachte, das, was die Leute gegen ihn hatten, sich nicht zu sehr zu Herzen zu nehmen.

## Die Berufung

Die besondere Darstellungsweise der islamischen Geschichtswerke von Ibn Isḥāq bis aṭ-Ṭabarī, welche einzelne, mehr oder weniger lange Überlieferungen aneinanderreihen oder auch nebeneinanderstellen, bringt es mit sich, daß die innere Entwicklung Mohammeds bis zu seinem Prophetentum nur in groben Umrissen erkennbar wird. Hingegen werden in den ältesten auf uns gekommenen Überlieferungen über die Berufung, die über az-Zuhrī und ʿUrwa ibn az-Zubair, den Neffen von Mohammeds Lieblingsfrau Aischa, auf sie selber und damit in die unmittelbare Nähe Mohammeds zurückgehen, bestimmte Vorstadien angedeutet. Während Ibn Isḥāq nur zum Teil auf diese alten Berichte zurückgreift, finden sie sich bei aṭ-Ṭabarī in reichem Maße. Daher legen wir der folgenden Darstellung aṭ-Ṭabarīs Bericht zugrunde, d.h. alle folgenden Zitate stammen, sofern nicht anders angegeben, aus seiner „Geschichte".

Die erste Form, in der die Offenbarung (*waḥy*) zu Mohammed kam, war, nach Aussage Aischas, die „wahre Vision" (*ar-ruʾyā aṣ-ṣādiqa*): „Sie kam zu ihm wie die Morgendämmerung."

Es ist von großer Bedeutung, daß hier von „Vision" die Rede ist. Denn es gibt im Koran in zwei Suren (53,1–18 und, davon offensichtlich abhängig, 81,19–25) Visionsberichte, die mit der „wahren Vision“ gemeint sein könnten. Die entscheidenden Verse in Sure 81 lauten:

> [22] Und nicht ist euer Gefährte besessen [*mağnūn*]:
> [23] Sah er Ihn doch am klaren Horizont.

Wenn man den Wortlaut dieses Textes (mit dem „Gefährten“ ist Mohammed gemeint!) und der älteren Version in Sure 53,1–18 ernst nimmt, entgegen den dogmatisch motivierten Bedenken der islamischen exegetischen Tradition, dann wird darin wie in Sure 53,6 ff. eine Vision Gottes geschildert (vgl. dazu die ausführliche Interpretation in *Der Koran*, S. 33 ff.).

Doch kehren wir zum Bericht aṭ-Ṭabarīs zurück! Nach der Erwähnung der „wahren Vision“ heißt es:

> Dann wurde ihm das Alleinsein lieb, und er war in einer Höhle auf dem Berg Ḥirā', um sich dort, vor der Rückkehr zu seiner Familie, während einiger Tage Andachtsübungen hinzugeben. Dann kehrte er zu seiner Familie zurück, um sich für einen weiteren Aufenthalt dort zu versorgen.

In der Übersetzung wirkt dieser Bericht klarer als er im Urtext ist. Denn was ich hier mit „sich Andachtsübungen hingeben“ (*taḥannaṯa*) übersetzt habe, ist in seiner genauen Bedeutung umstritten. Sicher scheint nur zu sein, daß es sich um eine Form von asketischen Gebetsübungen gehandelt hat. Einen indirekten Beleg für diese Auffassung kann man den frühen Koransuren entnehmen, in denen von nächtlichen Gebeten (sog. Vigilien) die Rede ist. Jedenfalls deutet die oben angeführte Notiz darauf hin, daß Mohammed sich in der Phase eines religiösen Umbruchs befand, daß er auf der Suche war,

> bis ihn plötzlich „die Wahrheit“ überfiel, zu ihm trat und sagte: Mohammed! Du bist der Gesandte Gottes!

Was hier mit „die Wahrheit“ (*al-ḥaqq*) wiedergegeben ist, steht im Koran sehr häufig für Gott selbst: *al-ḥaqq* ist einer der sog. „Schönen Namen“ Gottes. Auch dieser Bericht deutet also, in denkbar knappster Form, eine Gotteserscheinung an. Bei aṭ-Ṭabarī kommt in der Fortsetzung des Berichtes nun Mohammed selber zu Wort:

> Ich hatte aufrecht gestanden, doch dann fiel ich auf meine Knie und kroch mit zitternden Schultern davon, bis ich zu Chadīdscha kam und sagte: Hüllt mich ein! Hüllt mich ein! – bis daß der Schrecken von mir wich. Darauf kam er zu mir und sagte: Mohammed, du bist der Gesandte Gottes!

Man darf diesen Abschnitt nicht überinterpretieren, indem man etwa die Frage stellt, wie Mohammed kriechend vom Berge Ḥirā', der ja außerhalb Mekkas lag, zu Chadīdscha gekommen sein soll. (Nach anderen Berichten befand sich Mohammed zusammen mit seiner Familie auf dem Berg!) Entscheidend ist einerseits die Erschütterung Mohammeds als Folge einer Gottesbegegnung, die hier durch den „Schrecken“ (*rau'*) angedeutet wird, und andererseits die Tatsache, daß er sofort zu Chadīdscha geht: Mit dem wiederholten Ausruf „Hüllt mich ein!“ (*zammilūnī*) wird im Bericht auf den Beginn von Sure 73 („Der Eingehüllte“, *al-muzzammil*) hingedeutet, die als eine der ältesten Suren gilt und in der deutlich von nächtlicher „Lesung“ (*qur'ān*) als einer Andachtsübung die Rede ist (vgl. *Der Koran*, S. 44).

Für die Verhüllung mit einem Mantel im Zusammenhang mit einer Gotteserscheinung gibt es eine interessante Parallele im Alten Testament (1.Könige 19,13), wo sich Gott dem Propheten Elia, der gerade in einer Höhle am Berg Horeb weilt, „in einem feinen Säuseln“ offenbart: „Als Elia das hörte, verbarg er sein Antlitz mit seinem Mantel.“

Mohammeds von aṭ-Ṭabarī aufgezeichneter Bericht wird mit einer überraschenden weiteren Episode fortgesetzt:

> Darauf faßte ich den Beschluß, mich von einem Berg herabzustürzen, doch als ich nahe daran war, es zu tun, erschien er mir und sagte: Mohammed! Ich bin Gabriel und du bist der Gesandte Gottes.

Mohammed war sich, so wird man diese Passage verstehen müssen, seiner Sendung keineswegs von Anfang an sicher; er war vielmehr so verzweifelt, daß er sogar Selbstmord in Erwägung zog. In diesem Augenblick gibt sich die bisher nicht namentlich genannte, sondern nur mit „er“ angedeutete Erscheinung als der Engel Gabriel zu erkennen. Die eigentliche Berufung und zugleich die erste Offenbarung aus Sure 96 („Der Klumpen", *al-ʿalaq*) wird bei aṭ-Ṭabarī so beschrieben:

> Darauf sprach Gabriel: Lies! Ich entgegnete: Was soll ich lesen? Da packte er mich und preßte mich dreimal so, daß mir alle Kraft ausging, dann sagte er:
> Trag vor im Namen deines Herrn, der schuf.
> Da trug ich es vor.

In den ersten fünf Versen von Sure 96, von denen aṭ-Ṭabarī hier nur den ersten zitiert, sieht die islamische Überlieferung in ziemlicher Einmütigkeit den ersten offenbarten Korantext. Der zitierte Abschnitt zeigt übrigens recht genau, wie man sich im Islam den Offenbarungsempfang vorstellte: Der Engel Gabriel erscheint Mohammed, spricht ihm etwas vor, und Mohammed spricht es dann nach, d.h. er „trägt es vor" (*qaraʾa*), und dieser „Vortrag" (*qurʾān*) ist der „Koran" (vgl. dazu ausführlicher: *Der Koran*, S. 18ff.).

An dem zitierten Abschnitt ist ein Zug besonders auffällig, der auch in anderen, sonst in einigen Einzelheiten abweichenden Berichten erscheint, nämlich die körperliche Gewalt, die Gabriel gegenüber Mohammed anwendet, so daß dieser sich, wie es bei Ibn Isḥāq heißt, dem Tode nahe fühlt. Man kann diese Gewalt so deuten, daß Mohammed sich unter einem ganz bestimmten Zwang stehend betrachtet hat, er *mußte* das „vortragen", was ihm von Gott durch Gabriel aufgetragen wurde.

Die Gewalt dieses von Mohammed erlebten Geschehens prägt auch noch die Fortsetzung von aṭ-Ṭabarīs Bericht:

> Ich kam dann zu Chadīdscha und sagte zu ihr: Ich fürchtete um mein Leben! Dann berichtete ich ihr, was ich erlebt hatte, und sie sagte: Freue dich! Bei Gott, niemals wird dich Gott entehren, und, bei Gott, du gibst deinen Verwandten. Du sagst die Wahrheit und gibst das, was dir anvertraut wurde, zurück, du trägst die Last, nimmst den Gast freundlich auf und hilfst im Unglück.

Chadīdscha versucht, Mohammed wieder aufzurichten und ihm Mut zuzusprechen, indem sie seine Tugenden aufzählt und daraus den Schluß zieht, daß Gott ihm eigentlich nur Gutes tun kann. Dann geht sie mit ihm zu ihrem Vetter Waraqa Ibn Naufal. In der islamischen Tradition erscheint er einmal als sog. *ḥanīf*, also als Anhänger des Monotheismus, ein andermal auch als Christ. Jedenfalls soll er Hebräisch gekonnt und die Evangelien gelesen haben. In der Geschichte Mohammeds vor seiner Berufung erscheint er mehrmals als jemand, der aufgrund übernatürlicher Kräfte die künftige Bedeutung Mohammeds erkennt. Das kommt auch in dem abschließenden Abschnitt bei aṭ-Ṭabarī zum Ausdruck:

> Darauf ging sie mit mir zu Waraqa Ibn Naufal Ibn Asad und sagte zu ihm: Höre, was der Sohn deines Bruders zu sagen hat! Da fragte er mich, und ich erzählte ihm, was ich erlebt hatte; darauf sagte er: Das ist das Gesetz (*nāmūs*), das auf Mose, den Sohn des ʿImrān [so heißt Moses Vater in islamischer Tradition; vgl. Sure 3,35], herabgesandt wurde. Wäre ich doch noch ein junger Mann, und könnte ich doch noch erleben, wenn deine Leute dich vertreiben! Ich sagte: Werden sie mich vertreiben? Er sagte: Ja; niemals kam jemand mit dem, was du brachtest, ohne auf Feindschaft zu stoßen, und wenn ich den Tag, an dem dir das passieren wird, erreichen würde, so stünde ich dir tatkräftig zur Seite!

Mit dem von Waraqa hier genannten „Gesetz“ (das arab. Fremdwort *nāmūs* gibt das griech. *nómos* „Gesetz“ wieder!) sind ohne Zweifel die fünf Bücher Mose, d.h. die auch im Koran erwähnte Thora (*taurāh*) gemeint; Waraqa betrachtet also die Sendung Mohammeds analog zu der des Mose, und das beinhaltet vor allem dessen Rolle als Führer seines Volkes.

So lautet der wahrscheinlich älteste Bericht, mit dem aṭ-Ṭabarī sein Kapitel über die Berufung Mohammeds beginnt. Bemerkenswert ist, daß aṭ-Ṭabarī dann zwar weitere, in manchem Detail andere oder die erste Version ergänzende Überlieferungen mitteilt, daß er aber nicht, wie sonst (z.B. in seinem berühmten Korankommentar), einer bestimmten Überlieferung den Vorzug gibt. Die verschiedenen Darstellungen bleiben also bei aṭ-Ṭabarī nebeneinander stehen, und das hat ganz sicher seine Bedeutung. Zwei Gründe könnte man dafür nennen. Einerseits war das Geschehen für Mohammed selber wohl so überwältigend, daß er es in verschiedenen Versionen und Bildern mitgeteilt hat. Anderseits wurde den Personen, die Mohammed nahestanden, erst im Laufe der Zeit vollständig klar, welche Bedeutung das Geschehen hatte und in welche Zusammenhänge es einzuordnen war. An einem kann jedenfalls kein Zweifel bestehen: Das Berufungserlebnis war kein abgekartetes Gaukelspiel, wie man im Abendland lange Zeit glaubte. Für die einzelnen, in den Überlieferungen geschilderten Details lassen sich zahlreiche Parallelen aus der Religionsgeschichte anführen, und sie zeigen, daß an der Echtheit des prophetischen Erlebens von Mohammed nicht gezweifelt werden kann.

## Nach der Berufung: Erste Anhänger

Es ist charakteristisch für die biographische Literatur, vor allem für die *Sīra* von Ibn Isḥāq, daß sie sich weit mehr auf die Ereignisse konzentriert, welche die Botschaft Mohammeds auslöste, als auf die Botschaft selber. Das ist insofern leicht zu erklären, als ja der Koran, der die Botschaft enthält, im Prinzip als bekannt vorausgesetzt werden kann. Ibn Isḥāqs Leistung besteht nun gerade darin, daß er koranische Texte mit markanten Ereignissen aus dem Leben Mohammeds in Zusammenhang brachte. Er war mit seiner primär ereignisorientierten *Sīra* vor allem an der Wirkung der Botschaft auf Mohammeds Zeitgenossen interessiert, oder anders ausgedrückt, an deren *Islām*. Damit ist hier, entsprechend der ursprünglichen Bedeutung des Wortes, der Akt der Unterwerfung, die Annahme des von Mohammed verkündeten Glaubens gemeint. Daß Bekehrungsgeschichten von Mohammeds Berufung an bei Ibn Isḥāq eine große Rolle spielen, zeigt sich daran, daß gleich auf das Berufungserlebnis der Bericht über die erste Bekehrung folgt:

> Chadīdscha, die Tochter des Ḫuwailid, glaubte an Mohammed und hielt die Offenbarung Gottes an ihn für wahr; und sie half ihm bei seiner Sache. Sie war die erste, die an Gott und seinen Gesandten glaubte und die Gottes Offenbarung an ihn für wahr hielt.

Während Konsens darüber herrscht, daß Chadīdscha die erste war, die sich dem neuen Glauben anschloß, sind sich die Überlieferer nicht darüber einig, wer der erste Mann war, der sich zum Islam bekannte. Ibn Isḥāq nennt hier ʿAlī, den Sohn von Mohammeds Onkel Abū Ṭālib, und kann sich dabei auf eine Reihe von Überlieferungen stützen. Nach anderen aber war es Abū Bakr aus der Sippe Taim, der nach Mohammeds Tod der erste Nachfolger bzw. Kalif (*ḫalīfa*) werden sollte. Für Ibn Isḥāq kommt Abū Bakr jedoch erst an dritter Stelle, denn noch vor ihm wurde Mohammeds Adoptivsohn Zaid Ibn Ḥāriṯa – übrigens eine der wenigen zeitgenössischen Personen, die im Koran (Sure 33,37) genannt werden – zum Muslim. Die nächsten fünf Männer wurden durch Abū Bakr bekehrt; zu ihnen gehört auch der dritte Kalif ʿUṯmān Ibn ʿAffān (st. 656) aus der Sippe ʿAbd Šams, unter dessen Kalifat (644–656) die Redaktion des Korans fällt, sowie Saʿd Ibn Abī Waqqāṣ (st. zwischen 661 und 680) aus der Sippe Zuhra, der als Sieger der Schlacht gegen die Perser bei Qādisīya (636) besonderen Ruhm genießt. Während diese Bekehrungen eher summarisch geschildert sind, gibt es andere, die besonders ausführlich erzählt werden, wie etwa die von Mohammeds Onkel Ḥamza, der später in der Schlacht am Uḥud (625) fiel (s. u. S. 102), oder die von ʿUmar Ibn al-Chaṭṭāb aus der Sippe ʿAdī, dem späteren zweiten Kalifen (reg. 634–644), der sich vom eifrigen Verfolger der Muslime zum treuen Gefolgsmann Mohammeds wandelte.

Nicht immer wird bei den Bekehrungen auch ein Motiv dafür genannt; aber bei zahlreichen Geschichten wird eines deutlich: die Bekehrung durch den „Zauber des Wortes", wie es einer der wichtigsten Gegner des Propheten unter den Mekkanern ausdrückt. Diese sind sich nämlich uneins, wie man diesen Mohammed eigentlich bezeichnen soll, wenn zur Wallfahrtszeit die Pilger aus ganz Arabien nach Mekka strömen: Ist er ein Orakelpriester bzw. Wahrsager (*kāhin*), ein Zauberer (*sāḥir*) oder ein Dichter (*šāʿir*)? Oder ist er einfach besessen (*maǧnūn*), so daß man, wie es ihm an anderer Stelle von einem um gütliche Verständigung bemühten Gegner nahegelegt wird, einen Arzt für ihn suchen müßte, den man zum Wohle der Allgemeinheit auch bezahlen würde? Walīd Ibn al-Muġīra bringt die Besonderheit von Mohammeds Redeweise jedenfalls in folgender Weise auf den Begriff:

Sagt, er sei ein Zauberer [*sāḥir*], der zu uns mit dem Zauber der Rede gekommen ist, um den Mann von seinem Vater, seinem Bruder, seiner Gattin, ja von seinem Stamm zu trennen!

Es scheint also keineswegs allein der Inhalt der Botschaft zu sein, der anziehend, ja faszinierend wirkte, sondern die Botschaft hat eine zusätzliche ästhetische Dimension, in der ihre eigentliche Wirkmächtigkeit liegt. Von dem Augenblick an, da ʿAbdallāh Ibn Masʿūd, der nach Mohammeds Tod zu einem der wichtigsten Überlieferer des Korantextes werden sollte, öffentlich aus dem Koran rezitierte (bisher hatte es Mohammed allein im Kreise seiner Anhänger getan), entfaltete der Koran eine erstaunliche Wirkung, die zu einer höchst ambivalenten Einstellung ihm gegenüber führen konnte; er vermochte zu gleicher Zeit anziehend und abstoßend zu wirken, so wie es eine bei Ibn Isḥāq erzählte Episode eindrucksvoll vor Augen führt: Drei prominente Gegner Mohammeds, al-Aḫnas Ibn Šarīk aus der Sippe Zuhra, Abū Sufyān von den ʿAbd Šams und der als besonders feindlich geschilderte Abū Ǧahl aus der mächtigen Sippe Maḫzūm, machen sich, unabhängig voneinander, des Nachts auf, um an Mohammeds Haus heimlich seinem Gebet (und dieses enthält stets auch Koranrezitation!) zu lauschen. Bei ihrer Heimkehr treffen sie auf der Straße aufeinander und machen sich gegenseitig Vorwürfe; sie warnen einander davor, daß irgendein Dummkopf sie sehen und sich dadurch Mohammeds Ruf erst recht ausbreiten könnte. Das gleiche wiederholt sich noch zweimal, so anziehend erscheint der Koranvortrag. Doch dann geloben sie einander feierlich, nicht mehr zu Mohammed zu gehen. Aber die Geschichte ist damit noch nicht zu Ende. Al-Aḫnas sucht danach nämlich Abū Sufyān auf und fragt ihn nach seiner Meinung über das, was er bei Mohammed gehört hat, d.h. über den Koran. Abū Sufyān antwortet:

Bei Gott, ich hörte einiges, was ich kenne und von dem ich weiß, was damit gemeint ist; und ich hörte anderes, von dem ich weder die Bedeutung kenne, noch was damit beabsichtigt ist. – Genauso empfinde ich auch, entgegnete al-Aḫnas.

Was das Faszinierende am Koran auszumachen scheint, ist die Mischung von vertrauter, völlig verständlicher Rede mit Unvertrautem, nie in dieser Weise Gehörtem, eben dem „Zauber in der Rede“. Auch ʿUmar wird von der Koranlesung (sie wird in diesem Zusammenhang als leises Murmeln beschrieben) im Hause seines Schwagers angelockt; schließlich liest er aus einem Heft (*ṣaḥīfa*) den Beginn der Sure 20 (*Ṭā-Hā*, „Taha“):

[1] Ta Ha.
[2] Wir sandten nicht auf dich herab die Lesung, auf daß du elend seist,
[3] Nein, vielmehr als Ermahnung denen, die Gott fürchten,
[4] Als Niedersendung dessen, der erschaffen die Erde und den hohen Himmel,
[5] Des Erbarmers, der auf dem Throne sitzt ...
[8] Gott – keine Gottheit gibt es außer Ihm.
Sein sind die schönsten Namen.

Und als er das vorgetragen hatte, sagte er, wie Ibn Isḥāq berichtet: „Wie schön ist diese Rede und wie edel!“ Das kann sich nun nicht nur allein auf die Form beziehen, sondern muß auch für den Inhalt gelten, in dem drei für die frühe Botschaft Mohammeds wichtige Themen in aller Kürze angesprochen werden: die Herabsendung der „Lesung“, d.h. des Korans auf Mohammed, Gottes Schöpfertum und seine Einzigartigkeit, die alle anderen Götter ausschließt.

Diese Geschichte enthält übrigens noch ein interessantes Detail, indem in ihr vorausgesetzt wird, daß ʿUmar lesen kann, und man kann daraus die Schlußfolgerung ziehen, daß dasselbe dann auch für Mohammed als Kaufmann gelten müßte. Die sunnitische Tradition ist demgegenüber der Auffassung, daß Mohammed Analphabet, also des Lesens und Schreibens unkundig war. Diese Ansicht hat aber dogmatische Gründe: Mohammed habe seine Kenntnis über die früheren Propheten direkt durch Offenbarung (*waḥy*) erhalten, und nicht durch Lektüre der früheren Offenbarungsschriften der Juden und Christen.

Nicht alle, die sich früh zum Islam bekannten, spielten in späterer Zeit so wichtige Rollen wie z. B. die nachmaligen Kalifen Abū Bakr, ʿUmar oder ʿUṯmān. Mohammeds frühe Anhänger lassen sich, wenn man hier den sorgfältigen Untersuchungen von W.M. Watt folgt, in drei Gruppen einteilen: Zum einen waren es jüngere Leute aus einflußreichen Clans, oft engere Verwandte gerade der Gegner Mohammeds; zum zweiten jüngere Leute aus anderen, weniger einflußreichen Clans und drittens schließlich Leute mit nur loser Verbindung zu den Clans aus Unterschichten, darunter Handwerker und Freigelassene äthiopischer oder byzantinischer Herkunft. Für diese dritte Gruppe wird oft der Ausdruck „die Schwachen" (*ḍuʿafāʾ an-nās* bzw. *al-mustaḍʿafūn*) verwendet.

## Gegnerschaft in Mekka

Zur Entstehung eines neuen Glaubens gehört die Bekehrung; wer sich jedoch zum neuen Glauben bekehrt, der hat häufig mit Bedrückung und Verfolgung durch die Verfechter der alten Ordnung zu rechnen, und sein Bekenntnis ist oft mit Leiden, ja mit Martyrium verbunden. Man hat dem frühen Islam immer wieder abgesprochen, die Erfahrungen von Martyrium, wie sie für das Christentum in seiner Anfangsphase so typisch gewesen sind, je gemacht zu haben. Gegen diese Behauptung spricht freilich, daß sich in der *Sīra* einige Texte finden, in denen von der Bedrückung der frühesten Muslime durch ihre mekkanischen Gegner die Rede ist, und darin spiegelt sich gewiß einiges an lebendiger Erinnerung wider. Freilich war die Phase der Verfolgung im Vergleich zum Christentum nur kurz.

Die ersten Anhänger Mohammeds wurden offenbar erst zu dem Zeitpunkt verfolgt, als sie die einheimischen Götter zu bekämpfen begannen. Dies geht aus einem von aṭ-Ṭabarī überlieferten Brief hervor, den ʿUrwa Ibn az-Zubair (s.o. S. 73) einst an den Kalifen ʿAbdalmalik (reg. 685–705) geschickt hatte. In ihm heißt es unter Berufung auf den Propheten:

> Als Mohammed sein Volk zu dem rief ..., wozu ihn Gott gesandt hatte, da entfernten sie sich während der ersten Zeit seiner Predigt nicht von ihm, ja sie waren nahe daran, auf ihn zu hören, bis er auf ihre Götzenbilder (*ṭāġūt*) zu sprechen kam. Das mißbilligten einige reiche Leute der

> Quraiš, die aus aṭ-Ṭāʾif gekommen waren, und bedrängten ihn heftig, da sie das, was er sagte, ablehnten. Sie hetzten die Menschen, auf die sie Einfluß hatten, gegen ihn auf, und viele wandten sich von Mohammed ab und ließen ihn links liegen.

Mit der traditionellen Religion waren nicht nur ideelle Werte verbunden, sondern auch die materiellen Interessen, die mit der jährlichen Wallfahrt nach Mekka zusammenhingen. Diese Wallfahrt (*ḥağğ*) mit ihren genau festgelegten altüberkommenen Riten und Gebräuchen, die sich an einer mehr äußerlich verstandenen Religion orientierte, war nämlich die Grundlage für einen nicht unwichtigen Wirtschaftszweig, von dem die Mitglieder einiger Sippen profitierten; die Reaktion der Gegner Mohammeds gerade auf die Herabsetzung ihrer Götter erscheint vor diesem Hintergrund also durchaus verständlich.

Aber das war sicherlich nicht der einzige Grund für die Opposition gegen Mohammed. Einen weiteren Hinweis vermag uns der Schluß der weiter oben S. 80 zitierten Episode von den drei Lauschern an Mohammeds Haus zu geben. Al-Aḫnas befragt nämlich nach Abū Sufyān auch noch Abū Ğahl nach dessen Meinung über das, was er gehört hat, und der sagt ihm:

> Was ich gehört habe? Wir und die Banū ʿAbd Manāf [d.h. die Sippe, zu der Mohammed gehört] befinden uns im Wettstreit um die Ehre: Sie haben Arme gespeist und wir auch, sie haben anderen Lasten abgenommen und wir auch, sie waren freigebig und wir auch, so daß wir beide Seite an Seite vorwärtsschritten, wie zwei aneinandergebundene Pferde. Doch nun sagen sie: Unter uns ist ein Prophet, zu dem die Offenbarung vom Himmel gekommen ist. Und wann werden wir etwas ähnliches erreichen? Bei Gott, ich werde niemals an ihn glauben und seine Worte für wahr halten!

Abū Ğahl geht zunächst von der grundsätzlichen Gleichheit des Wertesystems der alten und der neuen Ordnung aus. Aber nun tritt bei Mohammed etwas neues hinzu, nämlich „die Offenbarung (*waḥy*) vom Himmel“. Damit aber wird das Wertesystem völlig neu legitimiert, es beruht nicht mehr auf den ungeschriebenen Gesetzen der Stammesaristokratie wie z.B. der Loyalität zum Stamm oder dem Vorrang des Alters vor der Jugend, sondern auf „Offenbarung“. Aus ihr leitet Mohammed seinen Anspruch auf prophetische Autorität ab, ganz so wie es im Koran vorbildhaft an der Gestalt Abrahams im Verhältnis zu seinem Vater gezeigt wird; in Sure 19,43 sagt Abraham zu ihm:

> Vater! Zu mir kam Wissen, das zu dir noch nicht kam;
> So folge mir, daß ich dich leite einen geraden Weg!

## Die Auswanderung nach Äthiopien

Wegen der zunehmenden Bedrückung der Muslime durch die Mekkaner wandert eine Gruppe von ihnen auf Befehl Mohammeds um 615 nach Äthiopien (der früher gebräuchlichere Name Abessinien geht auf die arab. Bezeichnung *al-ḥabaša* zurück) aus, um bei dem dort herrschenden christlichen König den Schutz zu finden, der ihnen in Mekka nicht mehr garantiert werden kann. Dieser König wird nicht mit seinem tatsächlichen Namen benannt, sondern mit seinem Titel *an-Nağāšī* (übernommen vom äthiopischen Wort *negus* „König; Negus"). Für die Wahl gerade Äthiopiens als Ort der „ersten Auswanderung" (*ʾawwalu hiğra*) dürfte sicher nicht nur die idealisiert dargestellte Gerechtigkeit des Negus ausschlaggebend gewesen sein,

> bei dem niemand unterdrückt wird, und dessen Land ein Land der Wahrhaftigkeit [*ṣidq*] ist,

sondern daneben die von aṭ-Ṭabarī betonte Tatsache,

> daß Abessinien ein Land war, mit dem die Quraiš Handel trieben, und in dem sie ein bequemes Leben, Sicherheit und einen guten Absatzmarkt fanden.

Daher ist es auch durchaus plausibel, daß die Quraiš zwei Boten, nämlich ʿAbdallāh Ibn Abī Rabīʿa und ʿAmr Ibn al-ʿĀṣ (er bekehrte sich später zum Islam und erlangte Ruhm als Eroberer Ägyptens), mit Geschenken beladen nach Äthiopien schicken, um die Abtrünnigen zurückzuholen. Sie nehmen zunächst Kontakt mit einigen Vornehmen auf, um durch sie den Negus zu überreden,

> die törichten jungen Leute, welche die Religion ihrer Väter verlassen, aber Eure Religion nicht angenommen, sondern eine neue Religion aufgebracht haben, die weder Euch noch uns bekannt ist,

nach Mekka zurückzuschicken. Als der Negus von diesem Ansinnen hört, gerät er in Zorn, bestellt die Auswanderer vor seinen Thron und befragt sie im Beisein seiner Bischöfe nach ihrer Religion. Für die Auswanderer spricht Ǧaʿfar (st. 629), der Sohn von Abū Ṭālib und ältere Bruder ʿAlīs. Was er dem Negus und seinen Bischöfen (welche die heiligen Schriften vor sich aufgeschlagen haben) vorträgt, ist eine äußerst gedrängte Zusammenfassung der wichtigsten Lehren des Islams:

> O König, wir waren ein unwissendes Volk, verehrten Götzenbilder, aßen Fleisch verendeter Tiere, trieben Unzucht, verletzten die Verwandtschaft[sgebote], mißachteten die [Gesetze der] Gastfreundschaft, und der Mächtige von uns verging sich am Schwachen; so lebten wir, bis Gott einen der unsrigen zu uns als Boten sandte, dessen Abstammung [*nasab*], Wahrhaftigkeit, Treue und Rechtschaffenheit wir kannten. Der rief uns zu Gott, auf daß wir seine Einheit bekennen und [nur] ihm dienen, und das aufgeben, was wir und unsere Vorfahren neben Gott angebetet haben, Steine und Götzenbilder; und er befahl uns, stets die Wahrheit zu sprechen, Treue zu wahren, die Verwandtschaft zu achten, Gastfreundschaft zu gewähren und Verbrechen und Blutvergießen zu unterlassen; und er verbot uns Unzucht und Lügen, den Besitz von Waisen zu verzehren und keusche Frauen zu verleumden; und er befahl uns, Gott anzubeten und ihm nichts als Teilhaber an die Seite zu stellen; er trug uns Gebet, Almosen und Fasten auf ... Und wir hielten ihn für wahrhaftig, glaubten an ihn und folgten ihm in dem, was ihm von Gott offenbart wurde.

Als – wie die Legende zu berichten weiß – der Negus Ǧaʿfar darum bittet, eine Probe aus der göttlichen Offenbarung vorzulesen, trägt er ihm den Anfang von Sure 19 (*Maryam* „Maria“) vor, in der Zakarija (Zacharias) um einen Nachkommen bittet und im Anschluß daran die Geburt Jesu erzählt wird. Erneut erweist sich bei der Lesung der Zauber des koranischen Wortes, denn es heißt bei Ibn Isḥāq weiter:

> Bei Gott! Da weinte der Negus, bis sein Bart feucht wurde, und mit ihm [weinten] die Bischöfe, bis deren Bücher naß wurden, als sie hörten, was er ihnen vortrug. Da sprach der Negus zu ihnen: Wahrlich, dieses und die Offenbarung an Mose kommt aus *einer* Nische.

Mekkas Abgesandte müssen unverrichteter Dinge wieder abziehen, und erneut hat sich, so muß man Ibn Isḥāq verstehen, die Wahrheit der Sendung Mohammeds und seiner Botschaft erwiesen.

Wie lange die Muslime in Äthiopien blieben, ist nicht eindeutig zu beantworten. Ein Teil soll nach Mekka zurückgekehrt sein, als sich im Zusammenhang der Offenbarung der sog. „satanischen Verse" (s. o. S. 44) das Gerücht verbreitete, die Quraiš hätten den Islam angenommen; ein anderer Teil kehrte aber erst dann zurück, als Mohammed mit den Seinen nach Medina gezogen war.

## Die letzten Jahre in Mekka

Nach der Rückkehr der beiden zum Negus Abgesandten bekehrte sich ʿUmar zum Islam (s. o. S. 81); das war für die junge Gemeinde von großer Bedeutung, da er durch seinen Einfluß dafür sorgte, daß die Muslime wieder an der Kaaba ihr Gebet verrichten konnten. Dort hatten die Gegner Mohammeds jedoch inzwischen – wie die Legende zu berichten weiß – ein Schriftstück aufgehängt, in dem sie ihre Entschlossenheit zum Boykott der Muslime, d. h. genauer: der Sippen Hāšim und Muṭṭalib bekundeten. Sowohl Eheschließungen wie auch der Handel mit ihnen wurden ausdrücklich untersagt. In dieser kritischen Situation erwies sich die traditionelle Loyalität der Sippe untereinander insofern als intakt, als nur ein einziges Mitglied der Banū Hāšim, nämlich Mohammeds (übrigens namentlich in Sure 111 erwähnter!) Onkel Abū Lahab, aus der verwandtschaftlichen Solidargemeinschaft ausscherte. Vor allem Abū Ṭālib bewährte sich als treuer Beschützer der Boykottierten, obwohl er, wie erwähnt, selber nicht den Islam annahm.

Der Boykott erwies sich letztlich als erfolglos, ja er trug sicherlich dazu bei, das Zusammengehörigkeitsgefühl zu stärken. So wurde schließlich nach geraumer Zeit der Boykott offiziell zurückgenommen, was jedoch kein Ende der Bedrükkung der Muslime bedeutete. Ein harter Schlag für Mohammed war der Tod von Abū Ṭālib und Chadīdscha, die beide im Jahr 619 starben. Da der Druck auf Mohammed nun noch mehr zunahm, wich er in die etwa 70 km südwestlich gelegene Stadt aṭ-Ṭā'if aus, um dort Unterstützung zu suchen – doch vergeblich!

Ibn Isḥāq berichtet im Anschluß daran, daß bei Mohammeds Rückreise nach Mekka eine Anzahl von Dämonen (*ǧinn*) seinem Nachtgebet gelauscht habe und sich daraufhin bekehrte. Das bringt Ibn Isḥāq mit zwei Koranstellen in Verbindung, Sure 46, 29 und 72, 1–15. Hier heißt es in den ersten beiden Versen:

[1] Sprich: Mir ward geoffenbart, daß eine Schar Dämonen lauschte
Und sprach: Wahrlich, wir hörten einen wundersamen Vortrag,
[2] Der führet zum rechten Weg. Drum glaubten wir an ihn,
Und stellen niemand anders an die Seite unserm Herrn!

Gewiß werden viele heutige Leser diese Geschichte als bloße „Legende" betrachten, aber mit einer solchen Klassifikation ist im Grunde wenig gewonnen. Denn gerade Geschichten wie diese darf man nicht einfach als „unhistorisch" aus der Mohammed-Biographie herausschneiden. Sie enthalten wichtige Botschaften für die Glaubensgeschichte. Im vorliegenden Fall scheint mir folgende Deutung sinnvoll: Da das Gebet vor allem aus Koranrezitation besteht, beschreibt diese Episode erneut die Macht des durch Mohammed verkündeten Wortes: Selbst die Dämonen können sich dem Koran nicht entziehen und unterwerfen sich dem Einen Gott!

## Die Nachtreise

Eine andere Legende, die vor allem in der volkstümlichen und mystisch bestimmten Prophetenüberlieferung eine große Rolle spielt, wird von Ibn Isḥāq chronologisch der letzten Phase von Mohammeds Wirksamkeit in Mekka zugeordnet. Das ist die berühmte, auch im Abendland schon früh bekannte sog. „Himmelfahrt" des Propheten. Dabei handelt es sich jedoch um zwei ursprünglich wohl getrennte Erzählkomplexe, und zwar einerseits die Geschichte von der „Nachtreise" (*'isrā'*) Mohammeds, und andererseits die von der „Himmelsleiter" (*mi'rāǧ*).

Anknüpfungspunkt für Mohammeds „Nachtreise" ist der erste Vers von Sure 17 (*al-'isrā'* „Die Nachtreise"):

Preis ihm, der in der Nacht mit seinem Diener reiste
Von dem geweihten Bethaus hin zum weit entfernten Bethaus,
Um das herum wir Segen spendeten, um unsre Wunderzeichen ihm zu zeigen.
Wahrlich, Er ist der Hörende, der Sehende.

In der islamischen Koranexegese wird nahezu einmütig die Meinung vertreten, daß mit dem „geweihten Bethaus" (*al-masǧid al-ḥarām*) die Kaaba, mit dem „weit entfernten Bethaus" (*al-masǧid al-ʾaqṣā*) hingegen das Heiligtum in Jerusalem gemeint sei; wahrscheinlicher ist allerdings, daß mit letzterem ursprünglich ein Ort im Himmel gemeint war und daß sich die Deutung auf Jerusalem erst zur Zeit des umayyadischen Kalifen ʿAbdalmalik (reg. 685–705), des Erbauers des Felsendoms, durchgesetzt hat. Ibn Isḥāq stellt nun in seiner *Sīra* mehrere Überlieferungen dieser Geschichte nebeneinander. Eine davon, die auf den bekannten Korankenner ʿAbdallāh Ibn Masʿūd zurückgeführt wird, lautet wie folgt:

Man brachte Mohammed den Burāq – das ist das Tier, welches schon Propheten vor ihm getragen hatte, und welches seine Hufe so weit setzt, wie sein Auge reicht – und setzte ihn darauf. Dann zog sein Gefährte [d.i. Gabriel] mit ihm los, und er sah die Wunderzeichen zwischen Himmel und Erde, bis er zum „Heiligen Tempel" [*bait al-maqdis*, d.h. Jerusalem] kam. Dort fand er Abraham, Mose und Jesus inmitten einer Schar von Propheten, die für ihn zusammengebracht worden war, und verrichtete dann das Gebet mit ihnen. Darauf wurden drei Becher gebracht, einer mit Milch, der andere mit Wein, der dritte mit Wasser gefüllt. Darauf sagte der Gesandte Gottes: „Ich hörte, als die Becher vor mich hingestellt wurden, jemanden sagen: Nimmt er das Wasser, werden er und sein Volk untergehen; nimmt er den Wein, werden er und sein Volk in die Irre gehen; nimmt er jedoch die Milch, so werden er und sein Volk rechtgeleitet werden. Da nahm ich den Becher mit Milch und trank daraus. Gabriel sprach darauf zu mir: Du wirst rechtgeleitet und mit dir dein Volk, Mohammed!"

Mohammeds Ritt auf dem Burāq, das in einer anderen Überlieferung als

weißes Reittier, halb Maultier, halb Esel, an dessen Schenkeln zwei Flügel sind, mit denen es seine Hinterbeine vorantreibt, während seine Vorderbeine dort aufsetzen, wohin sein Blick reicht,

beschrieben wird, ist ein außerordentlich beliebtes Motiv der Volkskunst. Die Versammlung der Propheten und deren gemeinsames Gebet mit Mohammed (in anderen Versionen erscheint er sogar als „Vorbeter“, *'imām*) kann man gleichsam als seine Aufnahme in die „Prophetenfamilie“, d.h. als seine Anerkennung als Prophet in der biblischen Tradition deuten, und die Wahl von einem der drei Becher ist als eine Art prophetische Eignungsprüfung zu verstehen, die in der von Ibn Masʿūd überlieferten Form jedoch dadurch etwas beeinträchtigt wird, daß Mohammed die richtige Entscheidung vorher mithört – vielleicht gleichsam als Gnadenerweis; in anderen Überlieferungen der Geschichte trifft Mohammed ohne dieses Vorherwissen die richtige Wahl. Jedenfalls läßt die hier angeführte Version klar erkennen, daß es sich um eine Art prophetischen Initiationsritus handelt.

An die Geschichte der „Nachtreise“ wird nun eine weitere angefügt. Nachdem Mohammed mit den Propheten gebetet habe, sei ihm eine Leiter gebracht worden, auf der er mit Gabriel bis an das Himmelstor hinaufstieg. Von dem Engel, der das Tor hütet, wird Gabriel gefragt, ob Mohammed auch „gesandt“ sei; erst als Gabriel das bejaht, werden beide eingelassen. Derselbe Dialog wiederholt sich an jedem Tor der sieben Himmel, in denen Mohammed jeweils einen Propheten antrifft. In den teilweise in Einzelheiten differierenden Versionen dieser Geschichte werden verschiedene Propheten genannt. Bei Ibn Isḥāq trifft Mohammed im untersten Himmel Adam, im nächsten Jesus und Johannes den Täufer, in den weiteren Himmeln begegnet er Josef, Idrīs (der von der islamischen Tradition meist mit dem biblischen Henoch gleichgesetzt wird), Aaron und Mose; im siebten Himmel trifft er dann auf Abraham. Schließlich wird Mohammed zu Gott gebracht. Der verpflichtet ihn, fünfzigmal am Tag das Gebet zu verrichten. In einem Ḥadīth, der auf den uns schon bekannten ʿAbdallāh Ibn Māsʿūd zurückgeführt wird, heißt es dann bei Ibn Isḥāq weiter:

Der Gesandte Gottes sagte: Da wandte ich mich zur Rückkehr um. Als ich an Mose, dem Sohn des ʿImrān ..., vorbeikam, fragte er mich: „Wieviel Gebete wurden dir auferlegt?“ Ich antwortete: „Fünfzig Gebete jeden Tag.“ Da sprach er: „Das Gebet ist schwer, und deine Gemeinde ist schwach; kehr um zu deinem Herrn und bitte ihn um Erleichterung für dich und deine Gemeinde!“

Tatsächlich erläßt ihm Gott zunächst zehn Gebete, – aber das ist Mose nicht genug. Gott wird solange gebeten, bis die Zahl der Gebete auf fünf reduziert ist. Als Mose auch das nicht leicht genug erscheint, entgegnet ihm Mohammed:

Ich bin [mehrfach] zu meinem Herrn zurückgekehrt und habe ihm die Bitte vorgetragen, bis ich mich nun jedoch schäme und es nicht erneut tun werde. Wer von euch sie [d.h. die fünf Gebete] voll Glaube und Hoffnung verrichtet, der erlangt dafür den gleichen Lohn wie für fünfzig vorgeschriebene Gebete.

Die Geschichte dient in der bei Ibn Isḥāq gebotenen Version eindeutig dazu, eine Begründung dafür zu geben, warum das Gebet (*ṣalāt*) fünfmal am Tag zu verrichten ist; denn aus dem Koran allein ergibt sich diese Zahl nicht (vgl. *Der Koran*, S. 72f.). Freilich könnte man die „Himmelsreise“ auch noch anders deuten, zumal dann, wenn man noch weitere Varianten dieser Geschichte mitberücksichtigt. Man fühlt sich an die „Himmelsreise der Seele“ erinnert, wie sie von Ekstatikern und Schamanen berichtet wird. Wie man an der Frage der Wächterengel erkennen kann („Ist er gesandt?“), dient der Aufstieg in den Himmel der prophetischen Initiation.

## Die Vorgeschichte der Auswanderung

Noch während der letzten Jahre Mohammeds in Mekka ist bei Ibn Isḥāq immer wieder davon die Rede, daß sich die Kunde vom Islam auch unter den arabischen „Stämmen“ (pl. *qabā'il*) verbreitete. Das ist insofern plausibel, als ja der heilige Bezirk (*ḥaram*) Mekkas das Ziel einer jährlichen „Wallfahrt“ war und somit viele Araber zwangsläufig dorthin kamen. Unter diesen Besuchern versuchte Mohammed offenbar, für seine neue Lehre zu werben, obwohl er dabei vor allem durch Abū Lahab (s.o. S. 86) immer wieder behindert wurde.

Was hier in spezifisch religiöser Terminologie ausgedrückt ist, kann man vor dem Hintergrund der sozialen Verhältnisse in Mekka auch anders darstellen. Nach dem Tod von Abū

Ṭālib, dem Oberhaupt der Sippe Hāšim, wurde dessen Nachfolger offenbar Mohammeds Erzfeind Abū Lahab, – und damit entbehrte Mohammed des Schutzes, der ihm bislang gewährt worden war. Daher mußte er nun außerhalb seines Stammes, und das hieß zugleich außerhalb Mekkas, nach neuen Verbündeten suchen, die ihn als Stammesfremden im Rahmen des altarabischen Gewohnheitsrechtes (*ʿurf*) schützen konnten. Dafür bot sich zum einen das eher lockere, nur für eine begrenzte Zeit gewährte „Nachbarschaftsverhältnis" (*ǧiwār*) an, zum anderen das mehr auf Dauer ausgerichtete förmliche „Bündnis" (*ḥilf*).

Es wurde schon erwähnt, daß Mohammed beim Stamm der Thaqīf in aṭ-Ṭā'if keine Unterstützung fand. Günstiger lagen die Dinge für ihn in der weiter nördlich gelegenen Oasensiedlung Yathrib/Medina. Zwischen den dort ansässigen beiden arabischen Stämmen der Aus und Chazradsch herrschten schon seit längerem Zwistigkeiten, und der innerlich instabile Zustand wurde offenbar noch verstärkt durch den ungeklärten Status der jüdischen Stämme (s.o. S. 59). Daher erscheint es verständlich, daß man in Yathrib nach einem möglichen „Schlichter" Ausschau hielt, und Mohammed erschien für eine solche Rolle dadurch geeignet, daß er in der Auseinandersetzung mit seinem Stamm bislang Standhaftigkeit und Selbstbewußtsein bewiesen hatte. Außerdem waren Mohammeds Rolle als „Gesandter Gottes" und seine prophetische Botschaft wegen der starken jüdischen Präsenz in Medina offenbar leichter zu verstehen als in Mekka; nicht von ungefähr ist in den Quellen immer wieder davon die Rede, daß die Juden der damaligen Zeit einen Propheten erwarteten (s.o. S. 71).

Ibn Isḥāq berichtet, daß Leute aus Medina schon in Mekka Kontakt zu Mohammed suchten und es während der Tage der Wallfahrt (*ḥaǧǧ*) in den Jahren 621 und 622 zu zwei heimlichen Zusammenkünften in al-ʿAqaba, einem Hügel auf dem Weg von Mekka nach al-Minā, gekommen sei. Beim ersten Mal waren zwölf Männer anwesend. Diese erwiesen Mohammed die sog. „Frauenhuldigung" (*baiʿat an-nisā'*), d.h. sie gingen keinerlei kriegerische, sondern lediglich ethisch-religiöse

Verpflichtungen ein. Ab diesem Zeitpunkt werden die mit Mohammed verbündeten Medinenser die „Helfer" (*'anṣār*) genannt. Ibn Isḥāq berichtet dann, daß Mohammed zusammen mit den zwölf Männern einen seiner mekkanischen Anhänger, Muṣ'ab Ibn 'Umair, nach Medina schickte und ihm auftrug,

> ihnen den Qur'ān vorzutragen, sie den Islam zu lehren, und sie in der Religion zu unterweisen.

Muṣ'ab soll auch der erste Vorbeter (*'imām*) in Medina gewesen sein, da kein Stamm der Helfer bevorzugt werden sollte.

Bei einer zweiten Begegnung im folgenden Jahr, bei der Muṣ'ab mit einer größeren Anzahl von *Anṣār*, also den unterstützungsbereiten Medinensern, nach Mekka kam, wurde ein regelrechtes Bündnis (*ḥilf*) geschlossen, dessen Geheimhaltung bei Ibn Isḥāq übrigens besonders betont wird; es endet mit dem folgenden Satz Mohammeds:

> Blut [das zu rächen ist] ist Blut [das zu rächen ist], und [straflos] vergossenes Blut ist [straflos] vergossenes Blut; ihr gehört zu mir und ich gehöre zu euch; ich bekriege den, der euch bekriegt, und halte Frieden mit dem, mit dem ihr in Frieden lebt.

Damit wird klar, daß Mohammed – zusammen mit seinen Anhängern – einem neuen Stamm beitritt, der über die Institution der Blutrache nunmehr für seinen Schutz sorgt. Das ist der stammesrechtliche Hintergrund der Auswanderung (*hiğra*), den man nicht ignorieren darf, wenn man das Wirken Mohammeds in Medina in all seinen Dimensionen verstehen will.

## Mohammed in Medina

An welchem Tag Mohammed Mekka verließ, weiß man nicht genau. Nach allgemeiner Ansicht traf er jedoch am 24. 9. 622 (das entspricht dem 12. Rabī' I des Jahres 1 islamischer Zeitrechnung) in Medina ein. Mit diesem Datum beginnt eine welthistorisch außerordentlich bedeutsame Dekade, die mit dem Tod Mohammeds am 8. Juni 632 endet: In diesen zehn Jahren hat Mohammed eine neue Gemeinschaft (*umma*) ins Leben gerufen und mit ihr dem Islam als deren Identifikationsfaktor zu einem sicheren Fundament verholfen, und zwar sowohl im Hinblick auf den Ritus als auch hinsichtlich der Grundlagen der politisch-sozialen Organisation.

Man hat nun, gerade in der westlichen Forschung, immer wieder behauptet, mit dem Wechsel Mohammeds von Mekka nach Medina sei er vom „Propheten“ zum „Staatsmann“ geworden. Anders gesagt: Er habe nunmehr die Offenbarungen, die er immer noch zu erhalten beteuerte, ganz den politischen Zwecken untergeordnet. Ja er sei, um es noch schärfer auszudrücken, geradezu das Paradebeispiel eines skrupellosen Machtpolitikers, der unter dem Mäntelchen der Religion politische Interessen verfolgt habe. Diese noch immer recht verbreitete Auffassung übersieht freilich, daß Mohammeds Botschaft und die Art seines Auftretens schon in Mekka einen eminent „politischen“ Charakter hatten. Insofern kann man nicht von einer grundlegenden und abrupten Veränderung, weg vom primär „Religiösen“ hin zum primär „Politischen“, sprechen, sondern eher von einer Verlagerung der Schwerpunkte.

Die Übersiedlung nach Medina, die sog. Hidschra (*hiğra* „Auswanderung“), stellte einen bedeutsamen Einschnitt für Mohammed und die junge muslimische Gemeinde dar. Das Wirken Mohammeds in Medina ist nämlich in ganz anderer Weise als das in Mekka von seinem eigenen Gestaltungswillen bestimmt, und dies gilt auch dann, wenn man Mohammeds Gesandtenfunktion berücksichtigt und Gott als den eigentlichen „Herrscher“ der medinensisch-islamischen Urgemeinde ausdrücklich anerkennt. Denn auch in der „theokratischen“ Verfassung kam Mohammed als Gesandten Gottes durchaus eine eigene starke Position zu, sonst hieße es im Koran ja nicht so häufig: „Gehorcht Gott *und seinem Gesandten*!“

Zu Mohammeds Machtstellung trug eine weitere, im Gewohnheitsrecht (*ʿurf*) der arabischen Stämme verankerte Funktion bei, die ihn, wie wir sahen, ja überhaupt erst nach Medina gebracht hatte, nämlich die des Schlichters bzw. Schiedsrichters (*ḥakam*). Kam einem solchen Schiedsrichter ohnehin schon eine starke Stellung zu, so wurde sie durch die von Mohammed beanspruchte Autorität des Gottesgesandten noch zusätzlich verstärkt.

„Gesandter Gottes“ (*rasūl Allāh*) und „Prophet“ (*nabīy*) sind die Titel, die in den medinensischen Suren vornehmlich für Mohammed benutzt werden; dahinter treten andere, die in Mekka in Gebrauch waren, zurück. Zum Beispiel ist nun nicht mehr vom „Warner“ (*naḏīr* oder *munḏir*) die Rede. Das weist darauf hin, daß sich mit der Funktion Mohammeds auch die Botschaft verändert: Nun stehen nicht mehr die eschatologischen Themen von Weltende und Gericht im Zentrum, sondern das „diesseitige Leben“ (*al-ḥayāh ad-dunyā*), das nicht nur die kultische und politisch-soziale Organisation der Gemeinde umfaßt, sondern auch die Auseinandersetzung mit Gegnern wie Christen und Juden, aber auch mit Widersachern in den eigenen Reihen. Die größere „Weltbezogenheit“ der medinensischen Suren bedeutet nun aber keineswegs, daß das „Jenseits“ (*al-'āḫira*) völlig aus dem Blick gerät: Es sind gerade die Verheißung von „Lohn“ (*'ağr*) ebenso wie die Androhung von „empfindlicher Strafe“ (*'aḏāb 'alīm*), welche diese Suren durchziehen. Der Gerichtsgedanke bleibt also erhalten, aber der Zeitpunkt des Gerichts erscheint in weitere Ferne gerückt. Denn zunächst müssen die verschiedenen Gruppierungen in Yathrib zu einer Gemeinde zusammengeführt werden.

Die Übersiedlung Mohammeds wird in der *Sīra* in aller Ausführlichkeit erzählt, und besonderes Gewicht wird dabei darauf gelegt, wie wunderbar Gott Mohammed vor den verschiedenen Nachstellungen der Quraiš bewahrte. Denn diesen konnte kaum entgangen sein, daß sich Mohammed um neue Verbündete bemühte, und sie befürchteten zu Recht, daß ihnen Nachteile entstehen könnten, wenn sie Mohammed ziehen ließen. Unter der Führung von Abū Ğahl hatten sie sich daher ein Mordkomplott überlegt, an dem Angehörige aus möglichst vielen Stämmen beteiligt sein sollten, um dadurch die Blutschuld auf viele Schultern zu verteilen. Es heißt dann bei Ibn Isḥāq, daß Mohammed durch den Engel Gabriel gewarnt wurde und so dem Anschlag entging. (Das erinnert an die Geschichte des Kindermordes durch Herodes, wie sie im Matthäusevangelium erzählt wird; auch dort ist es ein Engel, der vor dem Mordkomplott warnt, wodurch das Jesuskind gerettet wird!)

Die Flucht nach Medina unternimmt Mohammed dann zusammen mit seinem Getreuen Abū Bakr, einem der ersten Muslime und Vater seiner späteren Lieblingsfrau Aischa. Die meisten seiner Anhänger waren ihm bereits vorausgegangen. Mohammeds Ankunft in Medina – einem ausgedehnten Komplex mehrerer Siedlungen – vollzieht sich in mehreren Etappen. Die fromme Erinnerung, so wie sie sich in der *Sīra* widerspiegelt, legt besonderen Wert darauf, zu schildern, wo bestimmte Handlungen zuerst verrichtet worden sind wie z. B. das erste Gebet des Propheten oder sein erster Freitagsgottesdienst, wie die erste Freitagspredigt (*ḫuṭba*) lautete oder wer den ersten Gebetsruf (*'aḏān*) erhob und wo. In all diesen Berichten ist nur schwer zwischen Legende und Historie zu unterscheiden.

Unzweifelhaft historisch ist allerdings ein Text, der sich nur bei Ibn Isḥāq und (in verkürzter Form) in einigen wesentlich späteren Quellen findet. Er wurde bis vor nicht allzu langer Zeit meistens als die sog. „Gemeindeordnung von Medina" bezeichnet. Neuere Forschungen, vor allem des schottischen Arabisten R. B. Serjeant, haben aber gezeigt, daß dieser Text nicht einheitlich ist, sondern in Wirklichkeit aus mehreren unabhängigen Dokumenten, die aus verschiedenen Jahren stammen, besteht; darunter befindet sich – als zweifellos wichtigstes – der grundlegende Bündnisvertrag zwischen den quraišitischen Auswanderern (*muhāǧirūn*) aus Mekka und den Medinensern sowie besondere Abmachungen, die das Verhältnis zu den Juden von Yathrib betreffen. Der Text dieses Vertrages ist vollkommen im Rahmen üblicher arabischer Stammespolitik zu verstehen. Mohammed begründet nämlich eine neue Stammesföderation, die als eine „Gemeinschaft" bzw. „Gemeinde" (*umma*) bezeichnet wird:

> Dies ist ein Vertrag [wörtl.: Schriftstück, *kitāb*] von Mohammed, dem Propheten, zwischen den Gläubigen und den Muslimen von Quraiš mit Yathrib, und mit denen, die ihnen folgen, sich ihnen anschließen und gemeinsam mit ihnen kämpfen. *Sie sind eine einzige Gemeinschaft, unterschieden von allen anderen.*

Das Unterscheidungsmerkmal, auf das im letzten Satz angespielt wird, ist die neue monotheistische Religion, der Islam. Er stiftet die neue Stammessolidarität, ist jedoch in seiner Anfangsphase noch offen für weitere Gruppierungen wie z.B. Juden (s.u. S. 103f.).

## Die „Feldzüge"

Mohammeds Bild im Abendland wurde vor allem dadurch verdunkelt, daß man ihn oft eher als Feldherrn und weniger als Propheten verstand; der militärische Erfolg des Islams war für Europa viel offensichtlicher als die spezifisch religiöse Eigenart von Mohammeds Verkündigung. Der Islam sei, so hört und liest man es häufig, mit „Feuer und Schwert" verbreitet worden. Auch wenn diese Behauptung nicht völlig aus der Luft gegriffen ist, so ist sie doch *irreführend*, da man hierzulande weder im Mittelalter eine zutreffende Vorstellung vom alten Arabien hatte, noch heute eine hat. Um den „militärischen" Aspekt des Islams zu begreifen, ist es nötig, erneut auf die altarabische Stammeskultur zu verweisen, in die Mohammed Zeit seines Lebens eingebunden war und die er praktisch nur insofern änderte, als die Gemeinsamkeit der Abstammung (*nasab*) durch die Gemeinsamkeit des Glaubens (*'īmān*) ersetzt wurde. Nach Mohammeds Tod lebte das *nasab*-Prinzip jedoch weiter, ja wurde geradezu restituiert. Das neu definierte Selbstverständnis als Glaubensgemeinschaft (*umma*) änderte nichts an der Tatsache, daß diese neue islamische *umma* auch als Kampfgemeinschaft begriffen wurde, so wie das ja auch der bereits zitierte Absatz des Bündnisvertrags zeigt. Der Kampf bekam aber nun insofern eine neue Qualität, als er ganz ausdrücklich in den Dienst Gottes gestellt wurde, so wie es die koranische Terminologie zum Ausdruck bringt: *al-ǧihād fī sabīl allāh*, d.h. „das Bemühen auf dem Wege Gottes bzw. um Gottes willen".

Es war wohl von Anfang an Mohammeds Ziel in Medina, für die neugegründete *umma* auch seine bisherigen Gegner in Mekka zu gewinnen. Nun könnte man sich freilich fragen, warum er seinen Blick gleich wieder auf Mekka richtete. Am ehesten könnte man es wohl als notwendige Folge seines Sendungsbewußtseins verstehen; eine ebenso wichtige Rolle spielte wahrscheinlich das gesamtarabische Prestige, welches das Heiligtum in seiner Heimatstadt Mekka besaß. Die Wiedergewinnung Mekkas aber ließ sich nur durch Kampf verwirklichen, und dafür hatte Mohammed nun in Medina eine neue Basis gefunden. Dieses ursprüngliche Ziel des Kampfes geht deutlich auch aus den Koranversen hervor, die nach verbreiteter Auffassung als älteste Offenbarung zum *ǧihād* gelten (Sure 22,39f.):

[39] Denen, die kämpfen, ist das erlaubt,
Weil ihnen Unrecht angetan
– Siehe, Gott hat zu helfen ihnen Macht! –,
[40] Weil sie vertrieben wurden aus ihrer Heimat ohne Recht,
Nur weil sie sagten: Unser Herr ist Gott!

Die „Feldzüge" Mohammeds, die sog. *maġāzī*, werden in den weiter oben vorgestellten Quellenwerken von Ibn Isḥāq, al-Wāqidī, Ibn Saʿd und aṭ-Ṭabarī in aller Ausführlichkeit geschildert. Die islamischen Autoren treffen dabei eine genaue Unterscheidung zwischen kriegerischen Unternehmungen, an denen der Prophet selber teilnahm – nur dies sind die *maġāzī* („Feldzüge"; sg. *maġzā*) im strengen Sinne –, und kleineren Kommandounternehmungen, die von Beauftragten Mohammeds befehligt wurden, sog. *sarāyā* (sg. *sarīya*). Alle diese kriegerischen Unternehmungen, unter denen man sich keinesfalls größere Schlachten vorstellen darf, gehören jedenfalls in den Kontext der unter den arabischen Stämmen üblichen Raubzüge, die nicht zuletzt dem Lebensunterhalt dienten. Es wäre daher eine Verkennung der Tatsachen, wollte man darin von vornherein etwas „Verwerfliches" sehen, das einem „Gesandten Gottes" nicht angemessen sei.

Das Ziel des *ǧihād* war nicht allein die Eroberung Mekkas und die Integration der dort verbliebenen Quraiš in die neue islamische *umma*, sondern weitergehend; Sure 8,39 heißt es:

Und kämpft gegen sie, bis es keine Versuchung mehr gibt, und die Religion gänzlich Gottes ist.

Was hier mit „Versuchung“ wiedergegeben ist, das arabische Wort *fitna*, könnte man auch mit „innere Zwietracht, Spaltung“ übersetzen. Dieser Begriff ist von zentraler Bedeutung für die neue *umma*, er wird später geradezu zum Fachausdruck für „Bürgerkrieg“. Erst wenn jede *fitna* beseitigt ist, kann davon die Rede sein, daß Gottes Religion (*dīn Allāh*) ungeteilt verwirklicht wird. In einem bekannten Koranvers (2,217) wird geradezu eine negative Rangordnung begründet:

> Zwietracht [*fitna*] wiegt schwerer als Kampf [*qitāl*].

Der Kampf in dem hier beschriebenen Sinn konnte sich sogar über Normen hinwegsetzen, die in der arabischen Stammesgesellschaft als sakrosankt galten, wie etwa der Landfrieden in den heiligen Monaten. Eine der ersten kriegerischen Aktivitäten war nämlich der Überfall einer mekkanischen Karawane bei Nachla im heiligen Monat Rağab. Das sei der Anlaß für die Offenbarung von Sure 2,217 gewesen:

> Sie fragen dich nach dem heiligen Monat, ob Kampf in ihm erlaubt sei. Sprich: Kampf in ihm wiegt schwer, aber jemanden abzuhalten vom Wege Gottes – darin liegt Unglaube! – und (abzuhalten) vom heiligen Gebetshaus, und dessen Volk daraus zu vertreiben, – das wiegt schwerer vor Gott. Und Zwietracht wiegt schwerer als Kampf. Sie werden nicht aufhören, euch zu bekriegen, bis sie euch von eurer Religion abbringen, wenn sie können.

Damit wird klar, daß der „Kampf“ (*ğihād* bzw. *qitāl*) geradezu als verdienstliche Handlung angesehen wird, die besonders belohnt wird, und zwar nicht nur im Diesseits durch die anfallende Beute, sondern auch im Jenseits für diejenigen, die beim *ğihād* fallen (Sure 3,169; vgl. 2,154):

> Und haltet nicht für tot diejenigen, die auf dem Wege Gottes getötet wurden; nein! Sie leben bei ihrem Herrn, sind wohlversorgt.

Der Koran läßt stellenweise allerdings erkennen, daß Mohammed bei der Aufforderung zum *ğihād* auch auf Widerstand gestoßen sein muß und sich insbesondere die medinensischen Helfer (*ʾanṣār*) ihm nur „widerwillig“ (*kārihūn*) anschlossen, wie es in Sure 8,5 heißt. Die spätere islamische

Auslegung einschlägiger Koranstellen zum *ǧihād* läßt vielfach die Tendenz erkennen, die ursprünglich intendierte kriegerische Bedeutung zu ersetzen und *ǧihād* in einem vergeistigten Sinne als Kampf gegen die Seele zu verstehen, wie z. B. in Sure 22,78:

> Und kämpft für Gott [*wa-ǧāhidū fī llāhi*], so wie der Kampf sich gebührt; Er hat euch erwählt, und in der Religion nichts Anstößiges gegen euch auferlegt.

Der Krieg mit Mekka beginnt gleichsam mit kleinen Nadelstichen. Nach der Chronologie von al-Wāqidī schickt Mohammed schon sieben Monate nach seiner Ankunft eine Gruppe von Kriegern unter Führung seines Onkels Ḥamza aus, um die aus Syrien heimkehrende mekkanische Handelskarawane mit Abū Ǧahl an der Spitze zu überfallen. Obwohl sich beide Seiten kampfbereit gegenüberstehen, kommt es zu keiner Kampfhandlung, weil ein Quraišit, Maǧdī Ibn ʿUmar, der mit beiden Seiten verbündet (*ḥalīf*) ist, dazwischentritt. Eine zweite, gleichfalls erfolglose Unternehmung unter Leitung von ʿUbaida Ibn al-Ḥāriṯ ist deshalb erwähnenswert, weil in ihrem Rahmen „der erste Pfeil im Islam" abgeschossen wurde, und zwar von Saʿd Ibn Abī Waqqāṣ, einem der ersten Muslime (s. o. S. 79).

Wie bereits im Zusammenhang mit der Ankunft der Auswanderer (*muhāǧirūn*) in Medina erwähnt, besteht ein besonderes Interesse der Tradition daran festzustellen, wer etwas zuerst tat bzw. wo etwas zuerst geschah, da dies später von großer Bedeutung für Rangordnungen und Privilegien (z. B. bei der Verteilung der Beute oder der Besoldung) werden sollte. Obwohl in einigen Berichten (z. B. bei al-Wāqidī) die Listen der Teilnehmer an den Unternehmungen oft zu gleichen Teilen aus Namen der medinensischen Helfer (*ʾanṣār*) und der mekkanischen Auswanderer (*muhāǧirūn*) bestehen, muß man annehmen, daß es in der Anfangszeit vor allem die *muhāǧirūn* waren, die den *ǧihād* betrieben.

## Der Krieg gegen Mekka

Drei kriegerische Auseinandersetzungen, auf die an verschiedenen Stellen im Koran angespielt wird, sollten für die Konsolidierung der medinensischen Gemeinde nach außen von besonderer Bedeutung werden: Die Schlacht von *Badr* (624), die Schlacht am Berge *Uḥud* (625) sowie der sog. *Grabenkrieg* (*ḫandaq*; 627).

Zunächst zu *Badr*: Ähnlich wie bei den weiter oben beschriebenen ersten Raubzügen hatten es die Muslime darauf abgesehen, eine Karawane der Mekkaner zu überfallen, die sich auf dem Rückweg von Gaza nach Mekka befand. Allerdings hatte der Führer der Karawane, Abū Sufyān (er stammte aus dem Hause Umayya und sollte in den folgenden Jahren auch die Führerschaft der Quraiš in Mekka übernehmen), durch Späher von diesem Plan Kenntnis erlangt und Boten nach Mekka entsandt mit der Bitte, möglichst schnell eine Entsatztruppe zu schicken; eine solche setzte sich unter Führung von Abū Ǧahl auch sofort Richtung Norden in Bewegung. Abū Sufyān gelang es, seine Karawane auf einem Nebenweg an den Muslimen vorbei in Sicherheit zu bringen, und er ließ darüber umgehend Abū Ǧahl, den Führer der mekkanischen Hilfstruppe, informieren. Obwohl also der eigentliche Anlaß für eine Konfrontation nicht mehr gegeben war, entschied sich Abū Ǧahl für den Kampf – vielleicht, um die günstige Gelegenheit zu nutzen und mit seinem gut gerüsteten und zahlenmäßig weit überlegenen Heer den lästigen Gegner endgültig zu besiegen. Die Schlacht fand bei dem Ort Badr (ca. 130 km südwestlich von Medina) an einem Tag im Monat Ramadan statt. Entscheidend war, daß auf wunderbare Weise die zahlenmäßig weit unterlegenen Muslime die Mekkaner bezwangen, die ihrerseits zahlreiche Tote zu beklagen hatten, darunter ihren Anführer Abū Ǧahl. Diesen unerwarteten Sieg konnten die Muslime kaum anders denn als einen besonderen Gnadenerweis Gottes auffassen. In der theologischen Deutung der Ereignisse, wie sie sich im Koran findet, wird daher die Hilfe Gottes und seiner Engel ganz besonders betont (vgl. Sure 3,123f.), ja es heißt über die gefallenen Gegner (Sure 8,17):

> Nicht ihr habt sie getötet, nein, Gott hat sie getötet; und nicht du hast geworfen, als du warfst, nein, Gott hat geworfen, auf daß er prüfe die Gläubigen auf schöne Weise. Siehe, Gott ist hörend und wissend.

Für die Festigung des muslimischen Selbstbewußtseins war Badr ein unerhört wichtiges Ereignis. Entsprechend ausführlich malen es die Quellen aus, wobei auch hier keine scharfe Trennlinie zwischen Historie und Legende gezogen werden kann. Aber aus allen mitgeteilten Details geht zur Genüge hervor, daß Mohammed, obwohl er selbst nicht am Kampf teilnahm, dennoch einen wichtigen Anteil am Sieg hatte, und zwar nicht nur dadurch, daß er eine taktisch wichtige Entscheidung traf, die dazu führte, daß seine Gegner über keinen Wassernachschub verfügten, sondern vielleicht mehr noch durch seine moralische Unterstützung der Kämpfer. Nach der gewonnenen Schlacht konnte Mohammed auf zunehmende Unterstützung auch derjenigen Medinenser rechnen, die sich zunächst auf die Seite der unentschlossenen Zweifler geschlagen hatten.

Für die unterlegenen Mekkaner hingegen stellte die verlorene Schlacht schon allein durch die mehrfach verübte Blutschuld den Anlaß dar, auf Rache zu sinnen. Das wurde dadurch noch dringlicher, als die Muslime nicht aufhörten, die mekkanischen Karawanen zu bedrängen. So rüsteten die Mekkaner erneut zum Kampf und zogen an Medina vorbei zu dem nördlich gelegenen Berg *Uḥud*, wo sie ihr Lager aufschlugen. Als es nach den üblichen Zweikämpfen zu Beginn des Kampfes zur eigentlichen Auseinandersetzung kam, schien sich das Kriegsglück wieder zu Gunsten der Muslime zu wenden, die bereits begannen, die Beute einzusammeln. Das veranlaßte eine Gruppe muslimischer Bogenschützen, ihren Platz zu verlassen, um sich ebenfalls der Beute zuzuwenden. Bei den Mekkanern nutzte dies Ḫālid Ibn al-Walīd aus, um Verwirrung in den Reihen der Muslime zu stiften und sie schließlich niederzuringen. Ḫālid kam übrigens später in den Eroberungskriegen als großer Feldherr zu Ruhm und erhielt den Ehrennamen „Schwert Gottes“ (*saif Allāh*). Freilich nutzten die Mekkaner ihren Sieg, den sie offenbar nur als Begleichung einer offenen Rechnung verstanden, nicht in der Weise aus, daß sie sich ihres Widersachers Mohammed endgültig entledigten, etwa durch die wohl durchaus mögliche Einnahme Medinas, sondern sie kehrten sogleich nach Mekka zurück.

Für die Muslime war Uḥud eine bittere Lektion, nicht nur deshalb, weil wichtige Männer wie Mohammeds Onkel Ḥamza oder Muṣʿab Ibn ʿUmair (s. o. S. 92) gefallen waren und Mohammed selber durch einen Schwerthieb verwundet worden war, sondern vor allem deshalb, weil man bemerkte, daß man sich der Unterstützung Gottes offenbar doch nicht so sicher sein konnte wie es nach dem überwältigenden Erlebnis von Badr der Fall zu sein schien. In Sure 3 finden sich etliche Verse, in denen die Niederlage theologisch gedeutet wird; nicht Gott hat die Muslime verlassen, sondern Grund für den Mißerfolg waren deren eigene Wankelmütigkeit und, wie es in Vers 155 heißt, der Satan:

> Siehe, diejenigen von euch, die sich abwandten am Tage, da aufeinandertrafen die beiden Gruppen – die Satan straucheln ließ für etwas, das sie begingen.

Es gelang Mohammed relativ rasch, über die Niederlage hinwegzukommen, wozu wohl einige kleinere militärische Unternehmungen beitrugen (z.B. sein Vorgehen gegen den jüdischen Stamm der Banū Naḍīr, s. dazu unten S. 105!). Jedenfalls wurde den Mekkanern klar, daß ihr Sieg bei Uḥud keine sehr nachhaltige Wirkung hatte. Da Mohammed keineswegs aufhörte, den mekkanischen Handel zu stören und dafür auch bei den arabischen Beduinen Verbündete fand, sahen sich die Mekkaner genötigt, erneut gegen Medina vorzugehen. Dafür versuchten sie ihrerseits, eine Anzahl beduinischer Stämme auf ihre Seite zu ziehen, unter anderem die mächtige Stammesgruppe der Ġaṭafān. Man ersieht aus diesen Bündnissen, daß die Auseinandersetzung zwischen Mekka und Medina inzwischen eine Dimension erreicht hatte, die das weitere Umland beider Städte mit einschloß. Und aus den Quellen geht eindeutig hervor (bei allen Differenzen in Detailfragen), daß Mohammed offenbar im Laufe der Auseinandersetzung mehr und mehr die gesamtarabische Dimension des Konflikts erkannte und eine geschickte Bündnispolitik betrieb.

Zu Beginn des Jahres 627 erschienen die Mekkaner mit einer gewaltigen Truppe vor Medina. Dort hatte man – wie es heißt, dem Rat eines persischen Konvertiten namens Salmān folgend – inzwischen um die weniger befestigten Stellen der Oasensiedlung einen Graben (*ḫandaq*) ausgehoben, der so breit war, daß ein Pferd ihn nicht überspringen konnte. Diese Aktion muß für die Mekkaner so unerwartet gewesen sein, daß sie ihr kein geeignetes strategisches Mittel entgegenzusetzen wußten. Es kam zu einer längeren Belagerung, in deren Verlauf wohl vor allem Diplomatie betrieben wurde. Vieles am sog. „Grabenkrieg" bleibt unklar, so z. B., warum sich die Mekkaner der ungeteilten Unterstützung der Ġaṭafān nicht mehr sicher sein konnten. Unstrittig ist nur, daß kaum gekämpft wurde und daß die Mekkaner schließlich abzogen, ohne etwas erreicht zu haben. Das konnte Mohammed seinerseits als Sieg betrachten, und so konnte er seine Machtbasis innerhalb und außerhalb Medinas weiter ausbauen. Direkt betraf das zunächst die damals in Medina lebenden jüdischen Stämme.

## Mohammed und die Juden in Medina

Nach dem Vertrag, der die Grundlage der medinensischen Glaubensgemeinschaft (*umma*) darstellte (s. o. S. 95 f.), gehörten auch die jüdischen Stämme dazu, und es wird dabei ausdrücklich festgestellt, daß sie

> ihre [eigene] Religion [*dīn*] haben und die Muslime ihre [eigene] Religion haben ... mit Ausnahme derer, die Gewalttaten begehen und trügerisch handeln [oder: ein Abkommen brechen]; die stürzen nur sich selber und ihre Familien ins Unglück.

Die *Umma* ist also in ihrem Anfangsstadium noch nicht auf die Muslime allein beschränkt. Man kann dies wohl nur so deuten, daß Mohammed die Erwartung hegte, die Juden würden im Islam schließlich ihre eigene Religion erkennen. Das lassen die Diskussionen mit den Juden, wie sie im Koran überliefert sind, deutlich erkennen. Allerdings werden die Geschehnisse in den koranischen Texten überwiegend theologisch gedeutet, und nur gelegentlich finden sich mehr oder weniger klare Anspielungen auf die realen politischen Ereignisse. Klar scheint nur zu sein, daß es zum Zerwürfnis zwischen Mohammed und den Juden kam, daß er die jüdischen Stämme nacheinander aus ihren Ansiedlungen in Medina vertrieb und daß das Vorgehen gegen die Juden jeweils in einem Zusammenhang mit den militärischen Ereignissen von Badr, Uḥud und dem Grabenkrieg stand.

Es ist interessant, daß sowohl Ibn Isḥāq als auch al-Wāqidī den Juden die Schuld am Konflikt geben, indem sie ihnen vorwerfen, daß sie die Abmachungen mit Mohammed (al-Wāqidī benutzt hier das Wort „Bund“, *ʿahd*) gebrochen hätten. Liest man den entsprechenden Abschnitt bei al-Wāqidī genau, so wird die enge Verflechtung zwischen historischer Darstellung und gleichzeitiger theologischer Deutung erkennbar:

> Als der Gesandte Gottes nach Medina kam, versöhnten sich alle Juden mit ihm [oder: einigten sich alle Juden gütlich mit ihm], und er verfaßte ein Dokument [*kitāb*] über die beiderseitigen Abmachungen. Der Gesandte Gottes brachte jeden Stamm mit seinen Verbündeten zusammen, setzte eine Friedensgarantie [*'amān*] zwischen ihnen fest und erlegte ihnen Bedingungen auf; dazu gehörte, daß sie keinem Feind gegen ihn Beistand leisten dürften. Als nun aber der Gesandte Gottes die Leute von Badr [d.h. die Quraiš] besiegt hatte und (wieder) nach Medina kam, da frevelten die Juden und zerschnitten den Bund [*ʿahd*], der zwischen ihnen und dem Gesandten Gottes bestand.

Allein durch das Wort „Bund“ wird die Erinnerung an die Geschichte der Israeliten (Banū Isrā'īl) wachgerufen, auf die im Koran an mehreren Stellen (z.B. Sure 2,87ff.) angespielt wird.

Nach Badr ging Mohammed zunächst gegen den Stamm der „Goldschmiede“, die Banū Qainuqāʿ, vor. Der in der *Sīra* genannte konkrete Anlaß (neben dem allgemeinen Vorwurf des „Bundesbruchs“) ist nach der Schilderung bei Ibn Isḥāq folgender (Übersetzung Schöller):

> Eine arabische Frau kam mit ihren Waren und verkaufte sie auf dem Markt der Banu Qainuqāʿ. Sie setzte sich bei einem Goldschmied nieder. Dort wollten die Leute ihr Gesicht entschleiert sehen, doch sie lehnte dies ab. Daraufhin nahm der Goldschmied den Saum ihres Gewandes und heftete es auf ihren Rücken. Als die Frau dann aufstand, entblößte sie ihre Scham, und die Umstehenden lachten sie aus. Sie schrie, woraufhin ein Mann von den Muslimen auf den Goldschmied zustürzte und ihn tötete.

Für diesen Mann nehmen die Qainuqāʿ Blutrache, und das ist der Auslöser dafür, daß Mohammed die Qainuqāʿ in ihrem befestigten Stadtteil belagert und entschlossen scheint, sie zu vernichten. Schließlich läßt er sich von ʿAbdallāh Ibn Ubaiy, dem Führer der Anṣār, überreden, sich mit der Ausweisung der Qainuqāʿ zu begnügen; sie müssen ihre Habe zurücklassen und wandern nach Aḏriʿāt (dem heutigen Deraa im Ḥaurān, Syrien) aus.

Der zweite jüdische Stamm, gegen den Mohammed vorging, waren die Banū Naḍīr, und das geschah laut Ibn Isḥāq nach der Niederlage der Muslime am Berg Uḥud. Als Anlaß nennt die Überlieferung einerseits einen versuchten Mordanschlag auf Mohammed, andererseits aber den Vorwurf der Zusammenarbeit mit den feindlichen Quraiš. Mohammed läßt sie in ihren befestigten Häusern belagern und greift zusätzlich zu einem Mittel, das bei kriegerischen Auseinandersetzungen in Arabien offenbar verpönt war: Er läßt nämlich ihre Palmenanpflanzungen abhauen. Mit dieser Tat wird Sure 59,5 in Verbindung gebracht, ein Vers, welcher der Rechtfertigung dieses Vorgehens dient und der später im islamischen Recht im Zusammenhang der Zulässigkeit bestimmter Kriegsmittel diskutiert wird:

> Was ihr an Palmen abgehauen habt, oder auf ihren Schäften habt stehenlassen, geschah mit Gottes Billigung, und (das geschah), um die Frevler zu entehren.

Wie die Banū Qainuqāʿ zuvor, so wurden auch die Banū Naḍīr vertrieben; sie fanden mehrheitlich in der jüdischen

Oase Chaibar eine Zuflucht. Am schlimmsten erging es dem dritten Stamm, den Banū Quraiẓa, denen der Bruch ihres Abkommens mit Mohammed und Kollaboration mit den Quraiš während des Grabenkriegs vorgeworfen wurde. Ibn Isḥāq berichtet, daß Mohammed gegen diesen Stamm auf ausdrücklichen Befehl Gottes – durch Gabriel übermittelt – vorgehen sollte. Es begann eine mehrwöchige Belagerung gegen deren befestigten Stadtteil. Da die Banū Aus sich für die Banū Quraiẓa, die mit ihnen verbündet waren, einsetzten, legte Mohammed die Entscheidung über Leben oder Tod der Banū Quraiẓa in die Hand von Saʿd Ibn Muʿāḏ, einem Angehörigen der Banū Aus, der im Grabenkrieg schwere Verwundungen erlitten hatte und dem Tod nahe war. Dieser votierte dafür, alle Männer umzubringen, Frauen und Kinder als Gefangene zu nehmen und allen Besitz aufzuteilen.

Sicher kann man sich fragen, wieso es eigentlich zum Zerwürfnis zwischen Mohammed und den Juden kam. Mohammed ging es wohl vor allem um die Einheit der *Umma*, und die war engstens verknüpft mit seinem Anspruch, Gesandter Gottes und von Gott erwählter Prophet (*nabīy*) in der Nachfolge der biblischen Propheten zu sein, das heißt also *der* Prophet, der den Israeliten in der Thora (5. Buch Mose 18,15) von Mose selbst angekündigt wird:

> Einen Propheten wie mich wird dir der Herr, dein Gott, aus deiner Mitte, aus deinen Brüdern, erstehen lassen. Auf den sollt ihr hören.

Diese Voraussage sieht die islamische Tradition in Sure 7,157 erfüllt:

> Die da folgen dem Gesandten [*rasūl*], dem zu seinem Volk gehörigen Propheten [*an-nabīy al-ummī*], von dem sie geschrieben finden bei sich in der Thora und im Evangelium [vgl. Johannesevangelium 14,26; 15,26], der das Rechte gebietet und das Unrechte verbietet.

Der Koran läßt jedoch an vielen Stellen erkennen, daß die Juden weder den Koran als Bestätigung ihrer eigenen heiligen Schrift ansahen, noch daß sie bereit waren, sich dem prophetischen Anspruch Mohammeds zu unterwerfen; Sure 2,101 bringt das in sehr konkreter Weise zum Ausdruck:

Und als zu ihnen ein Gesandter kam, von Gott, der das bestätigte, was sie (an Schriften) hatten, da warf eine Gruppe derer, denen die Schrift gegeben war, die Schrift Gottes hinter ihren Rücken, ganz so, als ob sie (es) nicht wüßten.

Prophet konnte für die Juden nur ein Nachkomme Aarons sein. Daher ist es verständlich, daß im Koran das Bemühen erkennbar ist, Mohammed als letzten Propheten der biblischen Heilsgeschichte darzustellen, mit dem Gott eine „Verpflichtung" (*mīṯāq*, ein Wort, das weitgehend gleichbedeutend mit „Bund" *ʿahd* benutzt wird) eingegangen ist, vgl. Sure 33,7:

Und als wir von den Propheten entgegennahmen die Verpflichtung: von Dir [d.h. Mohammed], von Noah, Abraham, von Mose und von Jesus, dem Sohn Mariens – da nahmen wir sie entgegen von ihnen als eine unverbrüchliche Verpflichtung.

Den Anspruch, daß Mohammed der „letzte" Prophet ist, bringt Sure 33, 40 in aller Deutlichkeit zum Ausdruck:

Mohammed ist nicht der Vater eines eurer Männer, sondern er ist der Gesandte Gottes und das Siegel der Propheten [*ḫātam an-nabīyīn*].

Diese Aussage steht der Überzeugung des damaligen Judentums entgegen, daß die Prophetie „erloschen" sei, und ebenso der im Christentum lebendigen Überzeugung, daß Jesus Christus das „Siegel der Propheten" sei, wie es der Kirchenvater Tertullian († nach 220) einmal formulierte.

Mohammeds Vorgehen gegen die Juden, so unbegreiflich es uns heute in manchen Zügen zu sein scheint, hat jedoch nicht zu einer grundsätzlich judenfeindlichen Haltung des Islams geführt. (Das Christentum war stets viel judenfeindlicher!) Mohammed hat im Interesse der Konsolidierung seiner Gemeinde gewiß konsequent und im Rahmen der damaligen in Arabien üblichen ethischen Normen gehandelt. Wäre sein Handeln „verwerflich", d.h. gegen die geltende Norm, gewesen, so hätten seine Biographen, denen ja an einer grundsätzlich positiven Darstellung gelegen war, viel mehr verschwiegen.

Als „Schriftbesitzer" (*ʾahl al-kitāb*) genossen die Juden ebenso wie die Christen vielmehr besonderen Schutz. Der weiter unten zitierte Satz aus Sure 9, 29 läßt erkennen, daß das

Ideal einer religiös vollkommen konformen *umma* unter den Verhältnissen, wie sie zur Zeit Mohammeds herrschten, offenbar nicht zu verwirklichen war – trotz des harten Vorgehens gegen die Juden in Medina. Vielleicht war deren beklagenswertes Schicksal insofern nicht ganz umsonst, als Mohammed im Rahmen des Konzeptes der islamischen *umma* schließlich religiöse Pluralität, wenngleich nur auf der Ebene der Besitzer von „Offenbarungsbüchern", zugestehen mußte (vgl. *Der Koran*, S. 85):

> Bekämpft diejenigen, die nicht an Gott und an den Jüngsten Tag glauben, die nicht das verbieten, was Gott und sein Gesandter verboten haben, und die nicht der rechten Religion anhangen von denen, denen die Schrift gegeben wurde, – bis sie Tribut [*ǧizya*] entrichten aus der Hand und sich dabei erniedrigen [*ṣāġirūn*].

Aufgrund dieser Regelung konnten Christen und Juden (später auch Angehörige anderer „Buchreligionen") gegen die Entrichtung einer von Fall zu Fall festzulegenden sog. „Kopfsteuer" (*ǧizya*) als Schutzbefohlene (*ḏimmī*) weiter in der islamischen *umma* leben.

## Das Abkommen von Ḥudaibiya

Was die Juden Mohammed verweigerten, ihn nämlich als Propheten anzuerkennen, das taten nun immer mehr Mekkaner, und zwar auch solche, die ihn kurz zuvor noch bekriegt hatten, wie etwa ʿAmr Ibn al-ʿĀṣ (s. o. S. 84) und Ḫālid Ibn al-Walīd (s. o. S. 101), die nach dem Feldzug gegen die Banū Quraiẓa gemeinsam zum Propheten gehen, um sich zum Islam zu bekennen. Dabei sagt Ḫālid zu ʿAmr (zitiert nach Ibn Isḥāq):

> Bei Gott, nun ist das Zeichen eindeutig. Der Mann [gemeint ist Mohammed] ist wirklich Prophet. Ich gehe, bei Gott, um den Islam anzunehmen; denn wie lange soll ich noch warten?

Die Zeit arbeitet also seit dem Grabenkrieg für Mohammed: Immer mehr Mekkaner verlassen die Stadt, um sich Mohammed anzuschließen, und damit zerbröckelt der Zusammenhalt der mekkanischen Gegner Mohammeds. Die Fortsetzung der Bekehrungsgeschichte von ʿAmr, die dieser selber erzählt, zeigt ein weiteres interessantes Detail.

> Ich trat zu ihm und sagte: Gesandter Gottes, ich huldige dir unter der Bedingung, daß mir meine frühere Schuld vergeben wird. (...) Da sagte der Gesandte Gottes: ʿAmr, huldige mir! Denn der Islam trennt ab, was davor war, und ebenso die Auswanderung [*hiǧra*]. Da huldigte ich ihm und ging fort.

Mohammed zeigt sich in dieser kleinen Szene als großmütiger, vergebungsbereiter Sieger: Mit dem Islam, d.h. der Annahme der neuen Religion, ist alle frühere Gegnerschaft vergessen. Nicht nur der politische Erfolg und die damit verbundene Anziehungskraft, sondern auch die Großmut Mohammeds gegenüber seinen früheren Gegnern mag ein Grund dafür sein, warum ihm schließlich Mekka fast kampflos zufiel.

Doch so weit war es noch nicht. Im Jahr nach dem Grabenkrieg wurden einige kleinere Kriegszüge unternommen, von denen die beiden bedeutendsten der gegen die Oase Dūmat al-Ǧandal und der gegen den westlich von Medina wohnenden Stamm der Muṣṭaliq waren. Mohammed scheint klar gewesen zu sein, daß er die Beduinen auf seine Seite ziehen müsse, wenn die Wiedereroberung Mekkas gelingen sollte. Zeigt sich darin klares politisches Kalkül, so scheinen keineswegs alle seine Entscheidungen davon geleitet gewesen zu sein. Denn für den im folgenden zu schildernden Zug gegen Mekka war, der Tradition nach, das auslösende Moment eine Vision (*ru'yā*), auf die in Sure 48,27 angespielt wird:

> Gott hat seinem Gesandten die Vision als wahr bestätigt: Ihr werdet gewiß die Heilige Gebetsstätte betreten, so Gott will, sicher und mit geschorenem und gestutztem Haupt, ohne daß ihr Furcht hegt; denn Er weiß das, was ihr nicht wißt. Und Er wird euch darüber hinaus einen nahen Sieg verleihen.

Mohammed wollte, wie aus den Worten „mit geschorenem und gestutztem Haupt" hervorgeht, eine Wallfahrt unternehmen. Allerdings verweigerten die mit ihm verbündeten Beduinen die Teilnahme, und so zog er 628 mit einer nicht sehr großen Schar von Gläubigen nach Mekka. Um den Mekkanern ihre friedlichen Absichten zu signalisieren, legten sie in der Nähe von Mekka Pilgergewänder an. In Mekka waren jedoch die Gegner Mohammeds noch in der Mehrheit, und sie fürchteten gerade von einem friedlichen Einzug Mohammeds in die Stadt einen Prestigeverlust. Daher sorgten sie dafür, daß Mohammed der Stadt nicht zu nahe kam.

Von seinem Lager in al-Ḥudaibiya schickte Mohammed Boten nach Mekka, die dort folgenden Kompromißvorschlag unterbreiteten: Mohammed solle künftig darauf verzichten, die mekkanischen Karawanen anzugreifen, und dafür dürften er und seine Anhänger das mekkanische Heiligtum besuchen. Nach längeren Verhandlungen kam es zu einem Vertrag, zu dessen Abschluß die Mekkaner Suhail Ibn ʿAmr nach Ḥudaibiya schickten. Mohammed mußte in diesem Vertrag rein äußerlich einige Demütigungen hinnehmen, die zu Spannungen innerhalb der islamischen Gemeinde führten. So wurde beispielsweise (wie Ibn Isḥāq berichtet) der Vertrag nicht „im Namen Gottes, des Barmherzigen, des Erbarmers", also der üblichen islamischen Anrufungsformel, die aus dem Koran stammt, geschlossen, sondern mit der bislang in Arabien üblichen Formel: „in deinem Namen, o Gott". Auch wurde Mohammed von Suhail nicht als „Mohammed, der Gesandte Gottes" anerkannt, sondern nur als „Mohammed Ibn ʿAbdallāh". Es schien also ganz so, als hätten sich die Mekkaner als die stärkeren Vertragspartner erwiesen. Was aber stand nun in diesem sog. „Waffenstillstandsabkommen" (*hudna*)? Am wichtigsten waren folgende Vereinbarungen: Mohammed verzichtete für dieses Jahr auf die Wallfahrt. Dafür wurde ein zehnjähriger Waffenstillstand vereinbart. Und im nächsten Jahr sollten die Mekkaner für drei Tage die Stadt verlassen, um den Muslimen die ungestörte Wallfahrt zu ermöglichen.

Für Mohammed bedeutete schon der reine Vertragsabschluß einen enormen Prestigegewinn. Denn tatsächlich zog im folgenden Jahr eine beträchtliche Anzahl von muslimischen Pilgern nach Mekka, und Mohammed nahm diese Wallfahrt zum Anlaß, die Riten am mekkanischen Heiligtum und an den Wallfahrtsstätten der Umgebung (wie in ʿArafāt) zu einem einzigen Komplex zusammenzufassen, in islamischem Sinne neu zu ordnen und zu deuten; darüber finden sich im Koran an mehreren Stellen (2,196ff.; 5,1ff.; 95f.; 22,27ff.) wichtige Aussagen.

## Die Einnahme Mekkas

Von den zahlreichen kriegerischen Unternehmungen, die Mohammed in der Zeit zwischen dem Vertrag von Ḥudaibiya und der Einnahme Mekkas durchführte, sind aufgrund der Quellenlage nicht alle in gleicher Weise nachvollziehbar. Der siegreich beendete Feldzug gegen die Juden der Oase Chaibar, in die sich die aus Medina vertriebenen Banū Naḍīr zurückgezogen hatten, sollte deren Rachegelüsten und ihrem gegen Mohammed gerichteten Paktieren ein Ende setzen. Die Juden Chaibars mußten in der Folgezeit einen hohen Tribut entrichten. Andere von Juden besiedelte Orte wie die weiter nördlich gelegenen Oasen Fadak und Taimā' unterstellten sich Mohammeds Herrschaft freiwillig.

Weniger klar ist, was Mohammed mit seinen beiden Richtung Norden geführten Feldzügen nach Mu'ta (im heutigen Jordanien, östlich von der Südspitze des Toten Meeres) und nach Tabūk bezweckte, die beide wenig erfolgreich verliefen. Mu'ta lag im byzantinischen Herrschaftsbereich, und es ist daher die Frage, ob Mohammed selber schon an eine Ausbreitung des Islams über die arabische Halbinsel hinaus gedacht hat. Diese Ansicht wird von der islamischen historischen Tradition dadurch unterstützt, daß sie von Gesandtschaften berichtet, die Mohammed zu den wichtigsten Herrschern geschickt habe, um sie zur Annahme des Islams aufzufordern, und zwar zum byzantinischen Kaiser Herakleios, zum persischen König Chosrau, zum äthiopischen Negus und zum sog. „muqauqis" von Alexandria (womit wohl der orthodoxe Patriarch als Statthalter des byzantinischen Kaisers gemeint ist); diese Berichte sind jedoch wegen mancher Ungereimtheiten als Legenden zu betrachten. Wahrscheinlicher ist es, daß Mohammeds Züge nach Mu'ta und Tabūk im weitesten Sinne auch dem Ziel gedient haben, Mekka zurückzugewinnen, und zwar durch eine Strategie der Absicherung nach Norden.

Im Jahr 630 sah Mohammed die Gelegenheit gekommen, endlich Mekka seinem Machtbereich einzugliedern und damit die Einheit des Stammes Quraiš wiederherzustellen. Den Anlaß dafür bot die Fehde zwischen zwei Stämmen, deren einer mit den Quraiš und deren anderer mit Mohammed verbündet war, und die man als Verletzung der Abmachungen von Ḥudaibiya auslegen konnte. Mohammed, der daraufhin mit einer beachtlichen Streitmacht (die Quellen berichten von 10 000 Kriegern) nach Süden zog, ließ nicht nach außen dringen, wem sein Feldzug eigentlich galt, Mekka, aṭ-Ṭā'if oder den benachbarten Beduinen. Nach einem bei aṭ-Ṭabarī aufbewahrten Bericht von ʿUrwa Ibn az-Zubair schickten die Mekkaner, die über Mohammeds eigentliche Ziele beunruhigt waren, ihren Führer Abū Sufyān mit einigen Begleitern zu Mohammed, um dessen wahre Absichten zu erfahren. Abū Sufyān war offenbar überrascht, Mohammed in unmittelbarer Nähe Mekkas anzutreffen, und es heißt dann ganz lapidar, daß Abū Sufyān und seine Gefährten daraufhin dem Propheten huldigten; der schickte sie umgehend nach Mekka zurück und ließ den Bewohnern weitreichende Friedensgarantien (*'amān*) geben.

Die Einnahme, oder besser gesagt: die Übergabe der Stadt erfolgte friedlich. Nur einige besonders hartnäckige Gegner ließ Mohammed töten, darunter übrigens auch

> zwei Sklavinnen des ʿAbdallāh Ibn Ḫaṭal, die Spottlieder auf den Gesandten Gottes sangen,

wie Ibn Isḥāq berichtet. Über Mohammeds Einzug in Mekka heißt es bei ihm:

> Als Mohammed nach Mekka kam und die Menschen sich sicher fühlten, ging er zum Haus [gemeint ist die Kaaba] und umkreiste es, auf seinem Kamel reitend, siebenmal, wobei er die Ecke [d.h. den „Schwarzen Stein"] mit seinem Stock berührte. Als er die Umkreisung beendet hatte, rief er ʿUṯmān Ibn Ṭalḥa, nahm von ihm den Schlüssel zur Kaaba und man öffnete ihm; er trat ein und fand eine Taube aus Aloeholz; er zerbrach sie eigenhändig und warf sie fort.

Danach hält er an der Tür eine kurze Predigt, deren entscheidende Aussage lautet:

> Gott hat den Stolz der Zeit des Heidentums und dessen Verherrlichung der Vorfahren hinweggenommen; alle Menschen stammen von Adam ab, und Adam ist aus Staub (geschaffen).

Damit wird auf das wesentliche Merkmal der neuen islamischen *umma*, die Gleichheit aller Menschen vor Gott, dessen Einheit und Einzigartigkeit Mohammed zu Beginn seiner Predigt hervorhebt, hingewiesen.

Unmittelbar im Anschluß an die Einnahme Mekkas findet ein weiteres kriegerisches Ereignis statt, das im Koran (Sure 9,25 f.) ausdrücklich Erwähnung findet, der „Tag von Ḥunain":

> [25] An vielen Orten half euch Gott zum Sieg, so auch am Tag von Ḥunain, als euch eure Menge wohlgefiel, und sie euch doch nichts nützte, und es euch eng ward auf der Erde, trotz ihrer Weite, und ihr die Flucht ergrifft. [26] Da sandte Gott seine Gegenwart [oder: seine Ruhe; *sakīna*] auf seinen Gesandten und auf die Gläubigen herab, und sandte Heerscharen hernieder, die ihr nicht saht, und strafte die Ungläubigen. Das ist der Lohn der Ungläubigen.

Aus den beiden Versen geht hervor, daß es ein Kampf gewesen sein muß, an dem es offenbar einen kritischen Punkt gab, der aber durch göttliches Eingreifen überwunden wurde. In der Schilderung der Schlacht, die sowohl an Badr als auch an den Grabenkrieg erinnert, gibt es in den Quellen mancherlei Divergenzen. Nur das Faktum als solches ist klar: Mohammed wollte, nunmehr an der Spitze der vereinigten muslimischen Krieger, gegen die um Mekka herum ansässigen Stämme der Hawāzin und der Thaqīf vorgehen, und in Ḥunain, einem Tal zwischen Mekka und aṭ-Ṭā'if, kam es zum Kampf, den die Muslime schließlich für sich entschieden.

Das Jahr nach der Einnahme Mekkas wird in der islamischen Geschichtsschreibung gewöhnlich „Jahr der Gesandtschaften" (*sanat al-wufūd*) genannt. Jetzt ist es nicht mehr allein Mohammed, der die Gunst und Unterstützung der Stämme zu gewinnen versucht, sondern die Stämme selbst schicken nunmehr Gesandtschaften zu ihm. Das bedeutet zugleich, daß sich jetzt auch Menschen dem Islam anschließen, die dies vor allem wegen der politischen und wirtschaftlichen Vorteile tun, innerlich aber keine Beziehung zu ihm haben; das gilt vor allem für die Beduinen, wie aus einem in dieser Hinsicht einschlägigen Koranvers hervorgeht (Sure 49,14):

> Die Beduinen [*al-'a'rāb*] sagen: Wir glauben! Sprich: Ihr glaubt nicht! Sagt vielmehr: Wir haben den Islam angenommen. Denn der Glaube ist noch nicht in eure Herzen eingedrungen ...

Diesem Vers zufolge gibt es also einen wichtigen Unterschied zwischen der „Unterwerfung" (*'islām*) und dem auch innerlich vollzogenen Glauben (*'īmān*), und es verwundert daher nicht, daß die von Mohammed jetzt vor allem durch diplomatische Mittel betriebene „Unterwerfung" der Stämme unter den Willen „Gottes und seines Gesandten" nach seinem Tod zu einer für die Gemeinde äußerst bedrohlichen Absetzbewegung (*ridda*) führen wird.

Zu den Mitteln der Diplomatie, die Mohammed für die Gewinnung der arabischen Stämme benutzte, gehört auch die Eheschließung. Mehr als eine seiner 13 Frauen (von denen übrigens sehr viele verwitwet waren) heiratete Mohammed, um einen Stamm oder auch eine Person an sich zu binden. Darin lag nach den damals üblichen Normen nichts Verwerfliches.

## Letzte Wallfahrt und Tod Mohammeds

Im Jahr der Einnahme Mekkas hielt Mohammed sich von der Wallfahrt fern, die für die nichtmuslimischen Pilger noch ganz nach den altgewohnten Riten ablief. Erst zwei Jahre darauf (632) nahm Mohammed an der Wallfahrt teil, und nun mit der Absicht, die alten Riten abzuschaffen und für *alle* Wallfahrer die neue, islamische Gestalt des Festes und seine Riten, die er auf Abraham und Ismael als Gründer bzw. Erneuerer der Kaaba zurückführte, verbindlich zu machen (vgl. dazu *Der Koran*, S. 51 f.). Es sollte Mohammeds „Abschiedswallfahrt" (*ḥiǧǧat al-wadāʿ*), wie sie in den islamischen Quellen heißt, werden, und sie wurde für alle Zeiten zur Norm für die islamische Pilgerfahrt. Ihre Bedeutung wird dadurch besonders unterstrichen, daß Mohammed in ihrem Verlauf eine Predigt gehalten haben soll, die so etwas wie sein Vermächtnis darstellt. Diese Predigt wird in den Quellen jedoch so unterschiedlich wiedergegeben, daß ihre ursprüngliche Form kaum rekonstruierbar ist. Möglicherweise gehört in den Zusammenhang der „Abschiedswallfahrt" auch ein höchst bedeutsamer Text, der in Sure 5,3 enthalten ist und auf so etwas wie einen „Bundesschluß" von seiten Gottes hinweist, zumal in ihm geradezu emphatisch auf ein ganz bestimmtes „heute" angespielt wird:

> Heute habe ich an euch eure Religion vollendet, und an euch meine Gnade zu einem Abschluß gebracht, und habe mein Wohlgefallen am Islam als Religion für euch.

Wenn man diesen koranischen Satz im Zusammenhang mit den Schilderungen der „Abschiedswallfahrt" in den Quellen liest, hat man das Gefühl, zu einem Abschluß gekommen zu sein: Mohammed hat sein Ziel erreicht. Seine Botschaft hat sich durchgesetzt, Arabien, seine Heimat, ist für sie gewonnen.

Kurze Zeit danach erkrankt Mohammed an einem Fieber, von dem er sich nicht mehr erholen soll. Kurz vor seinem Tode erscheint er noch einmal in der Moschee, die nur durch einen Vorhang von Aischas Wohnung, in der er seine letzten Tage verbringt, getrennt ist. Hier ergreift er noch einmal das Wort und sagt:

> Ein Feuer wird entzündet, und es kommen Spaltungen [oder: Bürgerkriege, *fitan*] wie Stationen einer dunklen Nacht. Aber, bei Gott, ihr könnt mir nichts vorwerfen, denn ich habe euch nur erlaubt, was der Koran erlaubt, und verboten, was der Koran verbietet.

Diese kurzen, gleichsam prophetischen Sätze sind im Zusammenhang mit den schmerzlichen Erfahrungen der zahlreichen späteren Bürgerkriege – für die stets das Wort *fitan* (sg. *fitna*; s.o. S. 98) verwendet wird – zu sehen. Sie verweisen damit zugleich auf die Bewährungsprobe, welche die islamische Gemeinde nach Mohammeds offenbar völlig unerwartetem Tod zu bestehen hatte (s.o. S. 114).

Mohammed starb, der islamischen Tradition zufolge in den Armen Aischas, am Montag, dem 8. Juni 632.

## 6. Ausblick: Mohammedforschung gestern und heute

In diesem abschließenden Kapitel sollen die wichtigsten Werke, die den Gang der kritischen Mohammedforschung von der Mitte des 19. Jahrhunderts bis heute bestimmt haben, vorgestellt werden. 1843 veröffentlichte Gustav Weil (1808–89) eine erste, auf kritischen Quellenstudien beruhende Mohammed-Biographie; allerdings standen ihm nur späte Quellen zur Verfügung, wie z.B. die sog. *Sīra al-Ḥalabīya*, d.h. die nach dem Kairiner Religionsgelehrten Nūraddīn al-Ḥalabī (1567–1635) benannte umfangreiche Prophetenbiographie. Weils Werk läßt schon die zwei Hauptfragen erkennen, die bis heute für die Mohammedforschung von zentraler Bedeutung geblieben sind: die Problematik der Authentizität der Quellen und ihre kritische Benutzung (vgl. dazu Kap. 3) sowie die Beurteilung der Persönlichkeit Mohammeds.

Von größerer Bedeutung sollte das Werk des Tiroler Arztes und Arabisten Aloys Sprenger (1813–1893) werden. Er lebte seit 1842 für längere Zeit in Indien. Seine 1851 auf englisch erschienene Mohammed-Biographie griff erstmals auf ältere Quellen zurück, die ihm in handschriftlicher Form zur Verfügung standen. Größere Wirkung erzielte die 1861–65 erschienene deutsche Fassung dieses Buches. Nöldeke rühmte den Reichtum des in Übersetzung gebotenen Quellenmaterials, tadelte aber den mangelnden historischen Sinn des Verfassers, der Mohammed vor allem als Hysteriker verstand. William Muir (1819–1905), gebürtiger Schotte und seit 1847 Kolonialbeamter in Indien, veröffentlichte 1856–61 eine äußerst materialreiche Mohammed-Biographie, der jedoch schon zeitgenössische Kritiker vorwarfen, daß sie die von ihm intendierte historisch-kritische Sichtweise unzulässig mit theologischen Urteilen vermenge; so behauptete Muir, Mohammed sei zeitweise vom Satan inspiriert gewesen! Gleichwohl wurde Muirs Werk von vielen populärwissenschaftlichen Autoren des viktorianischen Zeitalters als Grundlage für ihre eigenen Arbeiten benutzt.

Der deutsche Orientalist Hubert Grimme (1864–1942) vertrat in seiner 1892 erschienenen Mohammed-Biographie die Ansicht, daß Mohammed weniger der Stifter einer neuen Religion gewesen sei; vielmehr sei der Islam „ein Versuch sozialistischer Art, gewissen überhandnehmenden irdischen Mißständen entgegenzutreten." Diese Deutung traf sofort auf heftigen Widerspruch, vor allem des holländischen Islamforschers Christiaan Snouck Hurgronje (1857–1936). Obwohl Grimmes Darstellung in vielfacher Hinsicht einseitig ist, kommt ihm das Verdienst zu, als erster die sozialgeschichtliche Problematik im Zusammenhang mit dem Auftreten Mohammeds gesehen zu haben.

Der belgische Jesuit Henri Lammens (1862–1937) veröffentlichte 1910 einen Aufsatz, in dem er, angeregt von Goldziher (s.o. S. 30), in einer bis dahin nicht dagewesenen Radikalität die historische Zuverlässigkeit der gesamten Prophetentradition anzweifelte und die Meinung vertrat, daß nur der Koran eine authentische Quelle für das Leben Mohammeds und die Prophetentradition aus ihm abgeleitet sei. Auch diese These ist wegen ihrer Einseitigkeit scharf kritisiert worden (u.a. von Nöldeke). Die von ihm in einem weiteren Aufsatz aufgeworfene Frage „War Mohammed aufrichtig?" beantwortete er negativ, und dies hat der Wirkung seines ansonsten anregend-kritischen Werkes starken Abbruch getan. Ähnlich skeptisch gegenüber der Prophetenüberlieferung war der italienische Orientalist Leone Caetani (1869–1935), der den wohl umfangreichsten Versuch einer genauen, chronologisch angeordneten Darstellung des Lebens Mohammeds unternommen hat.

Zwei skandinavische Forscher üben durch ihr Werk bis heute starken Einfluß auf die Mohammedforschung aus, der Däne Frants Buhl (1850–1932) und der Schwede Tor Andrae (1885–1947). Buhl veröffentlichte 1903 eine dänische Mohammed-Biographie, die in überarbeiteter Form 1930 in deutscher Sprache erschien. Buhls Werk ist die erste umfassende Biographie, welche die gesamten inzwischen in gedruckter Form vorliegenden älteren Quellen (s.o. Kap. 3) sorgfältig auswertet und damit dem europäischen Leser die Vielgestaltigkeit der islamischen Überlieferung plastisch vor Augen führt. Besonders wertvoll ist die ausführliche Einleitung, in der die arabische Umwelt Mohammeds anschaulich dargestellt wird. Buhl ist, als protestantischer Theologe, insofern ein Kind seiner Zeit, als er im politischen Aspekt der Wirksamkeit Mohammeds eine starke Beeinträchtigung seiner religiösen Botschaft sieht.

Tor Andrae, auch er protestantischer Theologe und später Bischof, entstammt der schwedischen religionsgeschichtlichen Schule. Sein besonderes Anliegen ist es, die Eigenart des religiösen Menschen Mohammed zu erkunden. Das geschieht unter anderem durch eine sorgfältige und tiefschürfende Betrachtung der religionsgeschichtlichen Voraussetzungen, vor deren Hintergrund Mohammed zu verstehen ist. Andrae weist auf die zahlreichen Verbindungen zum syrischen Mönchtum hin. Was sein Buch auszeichnet, ist jedoch, daß er an der Eigenart der religiösen Persönlichkeit Mohammeds festhält und die verschiedenen „Einflüsse" nicht überbewertet.

Lange Zeit war nämlich eine solche Überbewertung äußerer Einflüsse in der Mohammedforschung gang und gäbe, zumindest bei einem Teil jüdischer bzw. christlicher Gelehrter. Mohammed erschien dann entweder vor allem vom jüdischen Umfeld beeinflußt, wie es zuletzt (1933) am ausführlichsten der amerikanische Gelehrte Charles Cutler Torrey (1863–1956) dargestellt hat, oder aber er wird allein aus christlichen Voraussetzungen „erklärt", wie z. B. in einem Buch von Karl Ahrens von 1935. Ausdrücklich gegen diese beiden Versuche hat 1936 der Hallesche Arabist Johann Fück (1894–1974) die „Originalität des arabischen Propheten" betont, und in der Folgezeit wandte man sich daher mehr den genuin arabischen Voraussetzungen Mohammeds zu.

Die gegenwärtige Mohammedforschung ist noch immer stark bestimmt vom umfangreichen Werk des Edinburgher Arabisten William Montgomery Watt (* 1909), dessen sorgfältige Studien der Quellen über Buhl hinausgehen und auch sozialgeschichtliche Aspekte mit einbeziehen; letztere wurden in jüngster Zeit verstärkt von Maxime Rodinson (1915–2004) und Albrecht Noth (1937–1999) untersucht. Watts Überzeugung, das reiche Quellenmaterial sei im wesentlichen verläßlich, wurde 1977 durch Patricia Crone und Michael Cook grundlegend in Frage gestellt. In ihrem provokativen Buch *Hagarism. The Making of the Islamic World* fordern sie eine Rekonstruktion der Entstehung des Islam ausschließlich aufgrund außerislamischer Quellen, was jedoch in der Fachwelt auf einhellige Ablehnung stieß.

In jüngster Zeit wird zunehmend der spezifisch bekenntnishafte Charakter des islamischen Quellenmaterials erkannt und als solcher auch gewürdigt. Die Konsequenz, die daraus gezogen werden muß, ist der weitgehende Verzicht auf eine historisch „objektive" Darstellung Mohammeds, so wie es vor wenigen Jahren das Buch „Das Auge des Gläubigen: Das Leben Mohammeds in der Sicht der frühen Muslime" des israelischen Forschers Uri Rubin beispielhaft vor Augen geführt hat. Diesem Ansatz fühlt sich auch das vorliegende Buch in mehrfacher Hinsicht verpflichtet.

Es wäre unbillig, nicht auch islamische Bemühungen um die Erforschung des Lebens Mohammeds zu erwähnen. Sie begnügen sich jedoch, aus begreiflichen Gründen, in erster Linie damit, die reichlich vorhandenen Quellen zu harmonisieren, ohne grundsätzlich ihre Zuverlässigkeit zu diskutieren. Zu den bedeutendsten, auch in europäischen Sprachen vorliegenden Mohammed-Biographien gehören z. B. die von dem aus Indien stammenden Gelehrten Muhammad Hamidullah, der übrigens auch eine ausgezeichnete französische Koranübersetzung publiziert hat, und die von dem englischen Islamwissenschaftler Martin Lings.

Seit den 80er Jahren des 20. Jahrhunderts hat die Erforschung der Literaturgattung *sīra*, also der klassischen islamischen Mohammed-Biographien, zunehmend an Bedeutung gewonnen. Das steht im größeren Zusammenhang von Bemühungen, zunächst mehr Klarheit über den literarischen Charakter und die eventuellen Absichten der entsprechenden Texte zu erlangen, um auf dieser Grundlage ihren historischen Wert besser einschätzen zu können.

# Literaturhinweise

## 1. Vom „Pseudopropheten" zum „Helden": Abendländische Mohammedbilder

**Allgemeines:** H. Haas, „Das Bild Muhammeds im Wandel der Zeiten", in: *Zs. f. Missionskunde u. Religionswissenschaft* 31 (1916). – G. Pfannmüller, *Handbuch der Islam-Literatur*, Berlin u. Leipzig 1923. – N. Daniel, *Islam and the West. The Making of an Image*, Edinburgh 1960, Oxford 1993[2]. – R. W. Southern, *Das Islambild des Mittelalters*, Stuttgart u. a. 1961. – A. Noth/T. Ehlert, „The Prophet's image in Europe and the West", in: *The Encyclopaedia of Islam*, New Edition, Vol. VII, Leiden 1993, S. 377–387 (reiche Literaturangaben). – **Der „Pseudoprophet":** D. J. Sahas, *John of Damascus on Islam*, Leiden 1972. – Johannes Damaskenos u. Theodor Abū Qurra, *Schriften zum Islam.* Kommentierte griech.-dt. Textausgabe von R. Glei u. A. T. Khoury, Würzburg & Altenberge 1995. – **Der „Häretiker":** Dante Alighieri, *Die Göttliche Komödie.* Deutsch v. K. Vossler, Gütersloh o. J., S. 157 f. – G. Graf, *Geschichte der christlichen arabischen Literatur*, Bd. II, Città del Vaticano 1947, S. 145–149 (Baḥīrā-Legende). – Nikolaus von Cues, *Sichtung des Alkorans. Cribratio Alkoran.* [Übersetzung von P. Naumann], Leipzig 1948[2], S. 86. – J. Fück, *Arabische Kultur und Islam im Mittelalter*, Weimar 1981, S. 142–152. – **Der „Betrüger":** *Die Legenda aurea des Jacobus von Voragine.* Übers. v. R. Benz, Gerlingen 1997[12], S. 964. – H. Prideaux, *The true Nature of Imposture Fully Display'd in the Life of Mahomet. With A Discourse annex'd, for the Vindicating of Christianity from this Charge; Offered to the Consideration of the Deists of the present Age,* London 1698[3]. – **Der „Epileptiker":** C. de Boor (ed.), Theophanis *Chronographia* et Anastasii Bibliothecarii *Historia Ecclesiastica*, Leipzig 1883–85. – Ricoldo da Monte Croce, *Confutatio Alcorani seu legis Saracenorum*, in: M. Luther, Krit. Gesamtausgabe, Bd. 53, Weimar 1920, S. 273–387, hier S. 355. – S. Kowalewsky, *Erinnerungen an meine Kindheit*, Weimar 1961, S. 155. – **Der „Gott" neben Göttern:** A. Haydar, *Mittelalterliche Vorstellungen von dem Propheten der Saracenen*, Diss. Berlin 1971. – N. Daniel, *Heroes and Saracens. An Interpretation of the Chansons de Geste*, Edinburgh 1984. – *La Chanson de Roland.* Übersetzt von H. W. Klein, München 1983, S. 147 (v. 2590 f.). – **Der „Antichrist":** H. Suermann, „Mohammed als Vorläufer des Antichrist", in: A. Zaborski (red.), *Islam et Christianisme*, Kraków 1995, S. 321–334. – H. Bobzin, „Martin Luthers Beitrag zur Kenntnis und Kritik des Islam", in: *Neue Zs. f. system. Theologie u. Religionsphilosophie* 27 (1985) 262–289. – **Der „Gesetzgeber":** A. Reland, *De religione Mohammedica*, Utrecht 1705; dt. 1716. – K. Mommsen, *Goethe und die arabische Welt*, Frankfurt a. M. 1988. – S. Leder, „Die Botschaft Mahomets und sein Wirken in der Vorstellung Goethes", in: *Oriens* 36 (2001), 215–41. – Voltaire, *Essai sur les* *mœurs et l'esprit des nations*, T. I, Paris 1990, S. 255 ff. – H. de Boulainvilliers, *La Vie de Mahomed*, London 1730 (repr. 1971); dt. 1747. – E. Gibbon, *The History of the Fall and Decline of the Roman Empire*, London 1776–88; dt. Teilübers.: *Der Sieg des Islams*, Wien 1935. – **Der „Held":** T. Carlyle, *On Heroes, Hero-Worship, and the Heroic in History*, London, 1841; dt. Jena 1913. – W. M. Watt, „Carlyle on Muhammad", in: *Hibbert Journal* 53 (1954/55) 247–54.

## 2. Die Prophetenüberlieferung im Islam: Sunna und Ḥadīth

Maulana Muhammad Ali, *A Manual of Ḥadīth*, London 1978³. – J. Burton, *An Introduction to the Ḥadīth*, Edinburgh 1994. – I. Goldziher, „Über die Entwickelung des Ḥadīth". In: ders., *Muhammedanische Studien*, II, Halle 1890, S. 1–274. – A. Guillaume, *The Traditions of Islam*, Oxford 1924 (repr. N. Y. 1980, o. O. 1987). – G. A. H. Juynboll, *Muslim Tradition. Studies in Chronology, Provenance and Authorship of Early Ḥadīth*, Cambridge 1983. – G. Schoeler, *Charakter und Authentie der muslimischen Überlieferung über das Leben Mohammeds*, Berlin u. New York 1996. – M. Schöller, *Exegetisches Denken und Prophetenbiographie: eine quellenkritische Analyse der Sīra-Überlieferung zu Muhammads Konflikt mit den Juden*, Wiesbaden 1998.

## 3. Die Quellen für die Kenntnis vom Leben Mohammeds

**Zur Forschungsgeschichte:** G. Graf, *Geschichte der christlichen arabischen Literatur*, Bd. 1–5, Città del Vaticano 1944–53. – J. Fück, *Die arabischen Studien in Europa bis zum Anfang des 20. Jahrhunderts*, Leipzig 1955. – H. Bobzin, „Geschichte der arabischen Philologie in Europa bis zum Ausgang des achtzehnten Jahrhunderts", in: W. Fischer (Hg.), *Grundriß der arabischen Philologie*, III, Wiesbaden, 1992, S. 155–187. – **Zu den islamischen Quellen:** J. Horovitz, „The Earliest Biographies of the Prophet and their Authors", in: *Islamic Culture* 1 (1927) 535–559; 2 (1928) 22–50; 164–182; 495–526. – ders., „Die poetischen Einlagen der *sīra*", in: *Islamica* 2 (1926) 308–312. – F. Sezgin, *Geschichte des arab. Schrifttums*, Bd. 1, Leiden 1967. – J. M. B. Jones, „The *Maghāzī* literature", in: A. F. L. Beeston a. o. (eds.), *Arabic Literature to the End of the Umayyad Period*, Cambridge 1983, p. 344–51. – M. J. Kister, „The *Sīrah* literature", in: *ibid.*, p. 352–67. – G. D. Newby, *The Making of the last Prophet. A Reconstruction of the Earliest Biography of Muhammad*, Columbia, S. C. 1989. – **Einleitung:** R. Sellheim, „Das Lächeln des Propheten", in: *FS Ad. E. Jensen*, München 1964, S. 621–30. – E. Pocock, *Specimen historiae Arabum*, Oxford 1650, ND ed. J. White, Oxford 1806. – Ismael Abu'l-feda, *De vita, et rebus gestibus Mohammedis, Moslemicae religionis auctoris* ... ed. J. Gagnier, Oxford 1723. – J. Gagnier, *Vie de Mahomet, traduite et compilée de l'Alcoran, des traditions authen-*

*tiques de la Sonna, et des meilleures auteurs arabes*, Amsterdam 1732; 1748[2]. – **Ibn Isḥāq/Ibn Hišām:** Arab. Textausgaben: *Kitāb sīrat rasūl Allāh*, hg. v. F. Wüstenfeld, Göttingen 1858–1860 (ND Frankfurt a. M. 1961). – *as-Sīra an-nabawīya li-bn Hišām*, hg. v. M. as-Saqā u. a., Kairo 1955 (u. ö.). – Übersetzungen: G. Weil, *Das Leben Mohammed's nach Mohammed ibn Ishâk*. Stuttgart 1864 (Einzige vollständige deutsche Übersetzung, aber in vielem veraltet). – A. Guillaume, *The Life of Muhammad*. A Translation of Ibn Isḥāqs *Sīrat Rasūl Allāh*, London 1955 u.ö. (Gibt alle Zusätze Ibn Hišāms im Anhang und ergänzt Lücken in Ibn Isḥāqs Text durch Abschnitte aus aṭ-Ṭabarī, s. u.!). – G. Rotter, *Das Leben des Propheten*. Aus d. Arab. übertragen u. bearbeitet. Tübingen & Basel 1976; TB-Ausgabe 1989; Kandern 1999[2] (populärwissenschaftliche Auswahlübersetzung). – **Der Koran:** T. Nöldeke, *Geschichte des Qorâns*, Göttingen 1860; 2. Auflage, Erster Teil: *Über den Ursprung des Qorâns*, bearb. v. F. Schwally, Leipzig 1909. – R. Paret: „Der Koran als Geschichtsquelle", in: *Der Islam* 37 (1961) 24–42. – W. M. Watt, *Muhammad's Mecca. History in the Quran*, Edinburgh 1988. – H. Bobzin, *Der Koran. Eine Einführung*, München 2001[4]. – **Zum „Jahr des Elefanten" u. Sure 105:** C. Robin (éd.): *L'Arabie antique de Karib'îl à Mahomet*, Aix-en-Provence 1991. – I. Gajda: „Die Vereinigung Südarabiens unter dem Reich von Himyar", in: W. Seipel (Hg.), *Jemen. Kunst und Archäologie im Land der Königin von Saba'*, Wien 1998, S. 269–73. – Walther W. Müller: „Die Stele des 'Abraha, des äthiopischen Königs im Jemen", in: *Im Land der Königin von Saba*, München 1999, S. 268–270. – **Aṭ-Ṭabarī:** *Kitāb ar-rusul wa-l-mulūk* (= „Annales"), ed. M. J. de Goeje (et al.), Leiden) 1879–1901. – *The history of al-Ṭabarī*. An annotated translation, ed. I. Abbas etc., Albany, N.Y., 1985 ff. – **Al-Wāqidī:** J. Wellhausen, *Muhammed in Medina. Das ist Vakidi's Kitāb al-Maghazi in verkürzter deutscher Wiedergabe*, Berlin 1882. – Al-Wāqidī, *Kitāb al-Maġāzī*, ed. M. Jones, London 1966. – **Ibn Saʿd:** Ibn Saʿd, *Kitāb aṭ-ṭabaqāt al-kabīr*. Ed. E. Sachau (et. al.), Leiden 1904–1917.

## 4. Arabien – Heimat und Umfeld des Propheten

**Geschichte:** S. Moscati, *Die altsemitischen Kulturen*, Stuttgart 1961. – M. J. Kister, *Studies in Jāhiliyya and Early Islam*, London 1980. – B. Finster, „Arabien in der Spätantike. Ein Überblick über die kulturelle Situation der Halbinsel in der Zeit von Mohammed", in: *Deutsches Archäologisches Institut. Archäologischer Anzeiger* 1996, 287–319. – F. E. Peters (ed.), *The Arabs and Arabia on the Eve of Islam*, Aldershot 1998 (Sammlung verschiedener einschlägiger Aufsätze). – **Religionen. Pagane altarab. Religion:** J. Wellhausen, *Reste altarabischen Heidentums*, Berlin 1961[3]. – C. Brockelmann, „Allah und die Götzen, der Ursprung des islamischen Monotheismus", in: *Archiv f. Religionswissenschaft* 21 (1922) 99–121. – M. Höfer, „Die vorislamischen Religionen Arabiens", in: *Die Religionen*

*Altsyriens, Altarabiens und der Mandäer*, Stuttgart 1970, S. 234–402. – G.R. Hawting, *The Idea of Idolatry and the Emergence of Islam. From Polemic to History*, Cambridge 1999. – J. Ryckmans, „Die Altsüdarabische Religion", in: W. Daum (Hg.), *Jemen*, Innsbruck und Frankfurt/M. [1987], S. 111–115. – **Christentum:** J.S. Trimingham, *Christianity among the Arabs in Pre-Islamic Times*, London & New York 1979. – A. v. Harnack, *Die Mission und Ausbreitung des Christentums in den ersten drei Jahrhunderten*, Leipzig $1924^{4}$, S. 699 ff. und S. 792, Anm. 6. – H.J. Schoeps, *Theologie und Geschichte des Judenchristentums*, Tübingen 1949. – K. Rudolph, „Die Anfänge Moḥammeds im Lichte der Religionsgeschichte", in: *Festschrift W. Baetke*, Weimar 1966, S. 298–326. – G.P. Luttikhuizen, *The Revelation of Elchasai*, Tübingen 1987. – **Judentum:** J.W. Hirschberg, *Jüdische und christliche Lehren im vor- und frühislamischen Arabien*, Kraków 1939. – G.D. Newby, *A History of the Jews of Arabia*, Columbia, S. C. 1988. – C.C. Torrey, *The Jewish Foundation of Islam*, $1967^{2}$. – **Zur sozialen Struktur der altarabischen Gesellschaft:** A. Noth: „Früher Islam", in: U. Haarmann (Hg.), *Geschichte der arabischen Welt*, München 1987, S. 11–100. – W. Dostal, „Die Araber in vorislamischer Zeit", in: A. Noth, J. Paul (Hg.), *Der islamische Orient*, Würzburg 1998, S. 25–42 (Lit.) – **Mekka – Mohammeds Geburtsstadt:** W. Dostal, „Mecca before the time of the Prophet", in: *Der Islam* 86 (1991) 193–231.

## 5. Historie und Legende – Hauptthemen der islamischen Mohammedbiographie

Zu den arab. Quellen und den vorhandenen Übersetzungen s. Kap. 3!
**Biographien Mohammeds:** T. Andrae, *Mohammed. Sein Leben und sein Glaube*, Göttingen 1932 (ND Hildesheim & New York 1977). – R. Blachère, *Le problème de Mahomet. Essai de biographie critique du fondateur de l'Islam*, Paris 1952. – F. Buhl, *Das Leben Muhammeds*, Leipzig 1930, Darmstadt $1961^{3}$ (materialreich u. mit genauen Quellenangaben). – M. Lings, *Muhammad, his life based on the earliest sources*, London 1983, revised ed. Cambridge 1991; dt. Ausgabe *Muhammad. Sein Leben nach den frühesten Quellen*, Kandern 2001 (aus muslim. Perspektive geschrieben). – R. Paret, *Mohammed und der Koran. Geschichte und Verkündigung des arabischen Propheten*, Stuttgart 1957, $1980^{5}$. – M. Rodinson, *Mohammed*, Luzern u. Frankfurt a.M. 1975. – U. Rubin, *The eye of the beholder: the life of Muhammad as viewed by the early Muslims: a textual analysis*, Princeton, N.J. 1995. – W.M. Watt, *Muhammad at Mecca*, Oxford 1953 u.ö. – ders., *Muhammad at Medina*, Oxford 1956 u.ö. (beide Werke Watts sind von grundlegender Bedeutung). – **Zu einzelnen Themen. Berufung:** R. Sellheim: „Muhammeds erstes Offenbarungserlebnis", in: *Jerusalem Studies in Arabic and Islam* 10 (1988) 1–16. – **„Himmelsreise":** B. Schrieke, „Die Himmelsreise Muhammeds", in: *Der*

*Islam* 6 (1916) 1–30. – J. Horovitz, „Muhammeds Himmelfahrt“, in: *Der Islam* 9 (1919) 159–183. – ders., in: *Handwörterbuch des Islam*, Leiden 1941, S. 509–511 (Zitat: S. 511). – R. Hartmann, „Die Himmelsreise Mohammeds und ihre Bedeutung in der Religion des Islam“, in: *Vorträge der Bibliothek Warburg*, Bd. 8 ( 1928–1929), S. 42–65. – **Mohammed in Medina:** J. Wellhausen, „Medina vor dem Islam“ u. „Muhammads Gemeindeordnung von Medina“, in: ders., *Skizzen und Vorarbeiten*, Heft 4, Berlin 1889 (ND 1985). – R. B. Serjeant, *Studies in Arabian History and Civilization*, London 1981 (Aufsatzsammlung, darin die wichtigen Aufsätze: „The 'Constitution of Medina'“ und „The Sunna Jâmi'a, Pacts with the Yathrib Jews, etc.“). – **Mohammed und die Juden in Medina:** A. J. Wensinck, *Muhammad and the Jews of Medina*, Berlin 1982$^2$ (ursprünglich holländ. Leiden 1908); Johan Bouman, *Der Koran und die Juden*, Darmstadt 1990.

## 6. Ausblick: Mohammedforschung gestern und heute

*Allgemeine Literatur:* M. Rodinson, „Bilan des études mohammadiennes“, in: *Revue Historique* t. 229 (1963) 169–220 (engl. in: M. Swartz (ed.), *Studies on Islam*, Oxford & New York 1981, 23–84). – P. C. Almond, *Heretic and hero. Muhammad and the Victorians*, Wiesbaden 1989. – **Besprochene Literatur:** G. Weil, *Mohammed der Prophet, sein Leben und seine Lehre*, Bielefeld 1843. – A. Sprenger, *The Life of Muhammad from original sources,* Allahabad 1851. – ders., *Das Leben und die Lehre des Mohammed nach bisher größtenteils unbenutzten Quellen bearbeitet*, Berlin 1861–65. – W. Muir, *The Life of Mahomet and History of Islam*, London 1856–61. – H. Grimme, *Mohammed.* I. *Das Leben*, Münster 1892. – H. Lammens, „Qoran et Tradition. Comment fut composée la vie de Mahomet“, in: *Recherches de science religieuse* 1 (1910) 27–51. ders., „*Mahomet fut-il sincère?*“, in: ebd. 2 (1911) 25–53 u. 140–166. – L. Caetani, *Annali dell'islam*, I, Mailand 1905. – F. Buhl u. T. Andrae (s.o. Kap. 5!). – C. C. Torrey (vgl. Kap. 4!). – K. Ahrens, *Muhammed als Religionsstifter*, Leipzig 1935. – J. Fück (s. o. Kap. 1!). – W. M. Watt (s. o. Kap. 5!). – M. Rodinson (s. o. Kap. 5!). – A. Noth (s. o. Kap. 4!). – U. Rubin (s. o. Kap. 5!). – M. Hamidullah, *Le prophète de l'Islam*, I.II., Paris 1959, engl. Neuausgabe: *The Life and Work of the Prophet of Islam*, Islamabad 1998. – M. Lings (s. o. Kap. 5!). – T. Fahd (éd.), *La vie du prophète Mahomet*, Paris 1983. – H. Motzki (ed.), *The Biography of Muhammad: the Issue of the Sources*, Leiden 2000. – L. Ammann, *Die Geburt des Islam. Historische Innovation durch Offenbarung*, Göttingen 2001.

# Zeittafel zum Leben Mohammeds

547 „Jahr des Elephanten“
570 (oder 569?) Errechnetes Geburtsjahr Mohammeds
610 Erste Offenbarungen
613 Beginn des öffentlichen Auftretens
615 Auswanderung nach Äthiopien
616 Beginn des Boykotts der Banū Hāšim
619 Ende des Boykotts; Tod von Chadīdscha und Abū Ṭālib
Reise nach aṭ-Ṭā'if
620 Erste Bekehrungen von Leuten aus Medina
621 Erste Übereinkunft von ʿAqaba („Frauenhuldigung“)
622 Zweite Übereinkunft von ʿAqaba. Auswanderung (Hidschra) Mohammeds von Mekka nach Medina
16.7.: Beginn der islamischen Zeitrechnung (= 1. Muḥarram 1)
24.9. (= 12. Rabīʿ I 1): Ankunft Mohammeds in Medina
624 Schlacht bei Badr; Vertreibung der Qainuqāʿ aus Medina
625 Schlacht am Berg Uḥud; Vertreibung der Naḍīr nach Chaibar
627 Grabenkrieg; Vernichtung der Quraiẓa
628 Vertrag von Ḥudaibiya; Zug gegen die Juden von Chaibar
629 Erste Wallfahrt nach Mekka
630 Einnahme Mekkas
632 „Abschiedswallfahrt“ Mohammeds nach Mekka
8.6.: Tod Mohammeds

# Register von Personen- und Stammesnamen

Hinter den Namen von Stämmen bzw. Clans steht B. (für Banū)

# Verzeichnis der Koranstellen